犬ぞり探検家《たんけんか》が見た！

ふしぎな北極《ほっきょく》のせかい

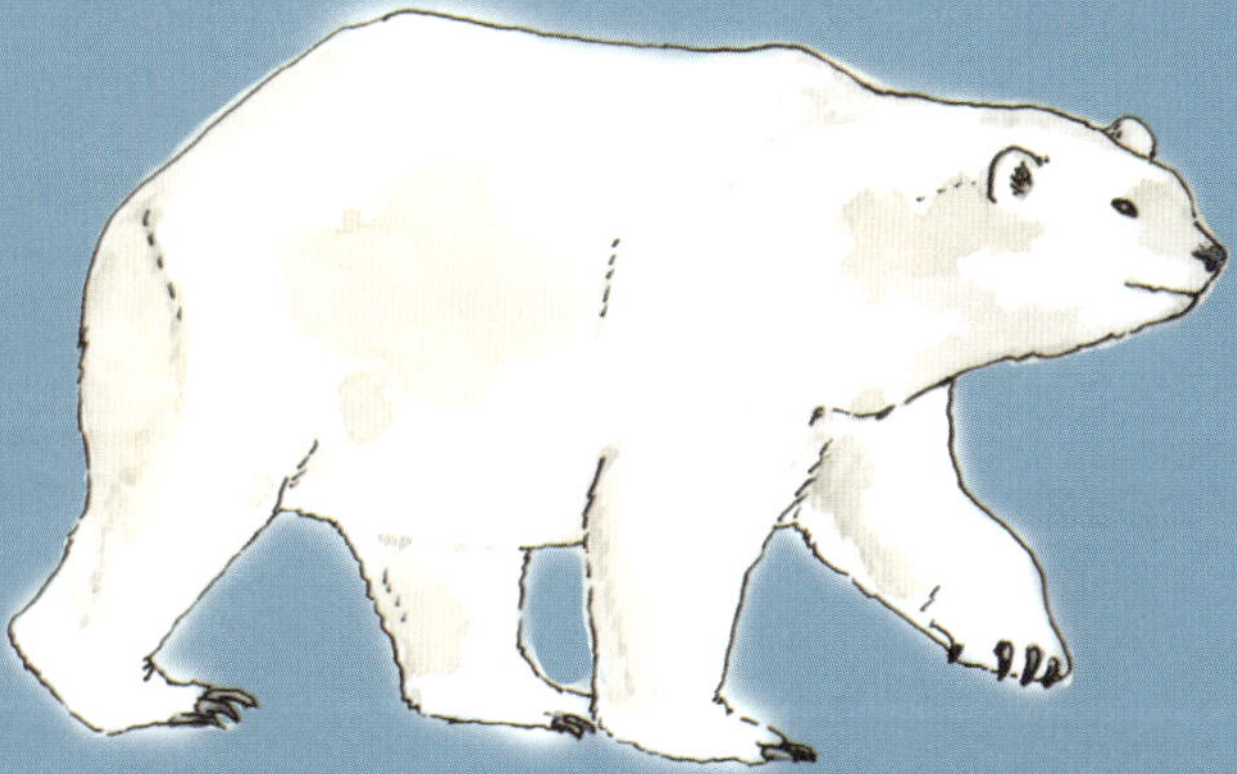

山崎《さき》 哲秀《てつひで》

repicbook

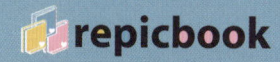

はじめに

北極《ほっきょく》に行《い》ったことがある人《ひと》はいますか？
この質問《しつもん》に「はい！」と答《こた》えられる日本人《にほんじん》は少《すく》ないと思《おも》います。
僕《ぼく》は、北極《ほっきょく》に行《い》ったことのある数少《かずすく》ない日本人《にほんじん》であり、
しかも毎年《まいとし》、何《なん》か月間《げつかん》も犬《いぬ》ぞりを走《はし》らせたり、アザラシの肉《にく》を
食《た》べたりして暮《く》らしています。

北極《ほっきょく》と聞《き》いて、みなさんは何《なに》を思《おも》い浮《う》かべるでしょうか。
雪《ゆき》と氷《こおり》？　ホッキョクグマ？　それともペンギン？
「よくわからない」と思《おも》う人《ひと》も多《おお》いのではないでしょうか。

北極《ほっきょく》は、実《じつ》はとてもすてきなところです。
この本《ほん》では、僕《ぼく》が経験《けいけん》した北極《ほっきょく》の自然《しぜん》や生《い》き物《もの》、

世界《せかい》で一番北《いちばんきた》の町《まち》に住《す》む人々《ひとびと》の暮《く》らしについて紹介《しょうかい》します。
環境《かんきょう》の話《はなし》など、難《むずか》しい内容《ないよう》もあると思《おも》います。
いまは書《か》いてあることが理解《りかい》できなくても、
大人《おとな》になったときに、もう一度《いちど》読《よ》み返《かえ》してくれたら嬉《うれ》しいです。
最初《さいしょ》から順番《じゅんばん》に読《よ》んでいく必要《ひつよう》はありません。
好《す》きなところや興味《きょうみ》のあるところから読《よ》んでみてください。
きっと、そこから北極《ほっきょく》のイメージが広《ひろ》がっていくと思《おも》います。
それでは、みなさんを「ふしぎな北極《ほっきょく》のせかい」へとご案内《あんない》させて
いただきます。

山崎《やまさき》　哲秀《てつひで》

もくじ

北極《ほっきょく》の子《こ》どもの絵《え》：家《いえ》の周《まわ》りの様子《ようす》

第四章《だいよんしょう》　北極《ほっきょく》の空《そら》

第五章《だいごしょう》　北極《ほっきょく》の食事《しょくじ》

北極《ほっきょく》の子《こ》どもの絵《え》：穴釣《あなづ》りをする様子《ようす》

北極《ほっきょく》の子《こ》どもの絵《え》：月夜《つきよ》に犬《いぬ》ぞりで遊《あそ》ぶ様子《ようす》

北極《ほっきょく》の子《こ》どもの絵《え》：ボートで獲物《えもの》を狙《ねら》う様子《ようす》

北極《ほっきょく》の子《こ》どもの絵《え》：白夜《びゃくや》に犬《いぬ》ぞりで出《で》かける様子《ようす》

編集協力　手塚 巧子

イラスト　ちよやあいみ
P12、P14～19、P21、P26、P27、P29、P31、P36～39、P42、P45、P49、P63、P65、P68、P75、P77、P82、P87、P136、P137、P139

しばさな
P20、P28、P30、P44、P48、P58、P62、P69、P76、P80、P81、P94、P95、P105、P107、P108、P109、P111、P122、P124、P126、P138、P140、P143、P145、P152

林 歩
P13、P60、P64、P71、P74、P83、P102、P103、P134、P135、P149

北極《ほっきょく》と南極《なんきょく》ってまったく反対《はんたい》の位置《いち》にあるんだよね。どんなところが違《ちが》うんだろう。

1 北極《ほっきょく》と南極《なんきょく》の違《ちが》い

北極《ほっきょく》と南極《なんきょく》ってどちらが寒《さむ》いの？

北極《ほっきょく》の平均気温《へいきんきおん》は
-20～-30℃《ど》

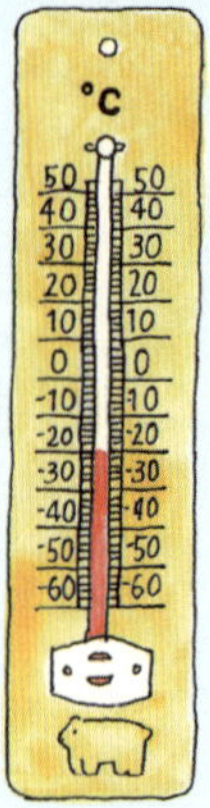

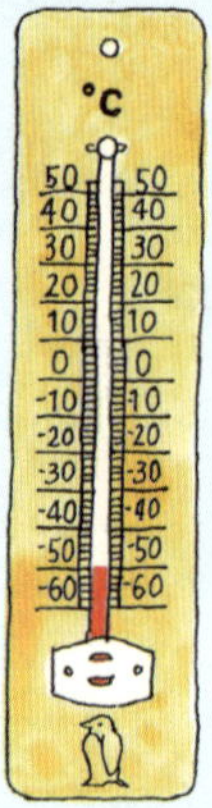

南極《なんきょく》の平均気温《へいきんきおん》は
-50～-60℃《ど》

ずばり、寒《さむ》いのは圧倒的《あっとうてき》に南極《なんきょく》です。記録《きろく》されている限《かぎ》り、南極《なんきょく》の最低気温《さいていきおん》がマイナス89・2℃《ど》に対し、北極《ほっきょく》の最低気温《さいていきおん》はマイナス79・2℃《ど》です。

平均気温《へいきんきおん》でも、南極《なんきょく》はマイナス50～60℃《ど》。北極《ほっきょく》はマイナス20～30℃《ど》くらいです。これは、標高《ひょうこう》が違《ちが》うからです。詳《くわ》しくは、15ページで説明《せつめい》しています。

僕《ぼく》は冬《ふゆ》だけを北極《ほっきょく》で暮《く》らしています。ひと冬《ふゆ》を北極《ほっきょく》で過《す》ごし、日本《にほん》の夏《なつ》に帰国《きこく》すると、気温差《きおんさ》は70℃《ど》以《い》上《じょう》になります。日本《にほん》の夏《なつ》と北極《ほっきょく》の冬《ふゆ》とでは、こんなにも気温《きおん》に差《さ》があるのです。おかげで日本《にほん》の夏《なつ》がすっかり苦手《にがて》になり、汗《あせ》が噴《ふ》き出《で》て止《と》まらない体質《たいしつ》になってしまいました。

犬《いぬ》ぞり探検家《たんけんか》の山崎《やまさき》さんへの質問《しつもん》コーナー

クイズ形式《けいしき》です。北極《ほっきょく》についての豆知識《まめちしき》をまとめてみました！

北極《ほっきょく》と南極《なんきょく》の違《ちが》い

地球《ちきゅう》は球体《きゅうたい》なので、北極《ほっきょく》と南極《なんきょく》には太陽《たいよう》の光《ひかり》が斜《なな》めから当《あ》たっているのと同《おな》じ

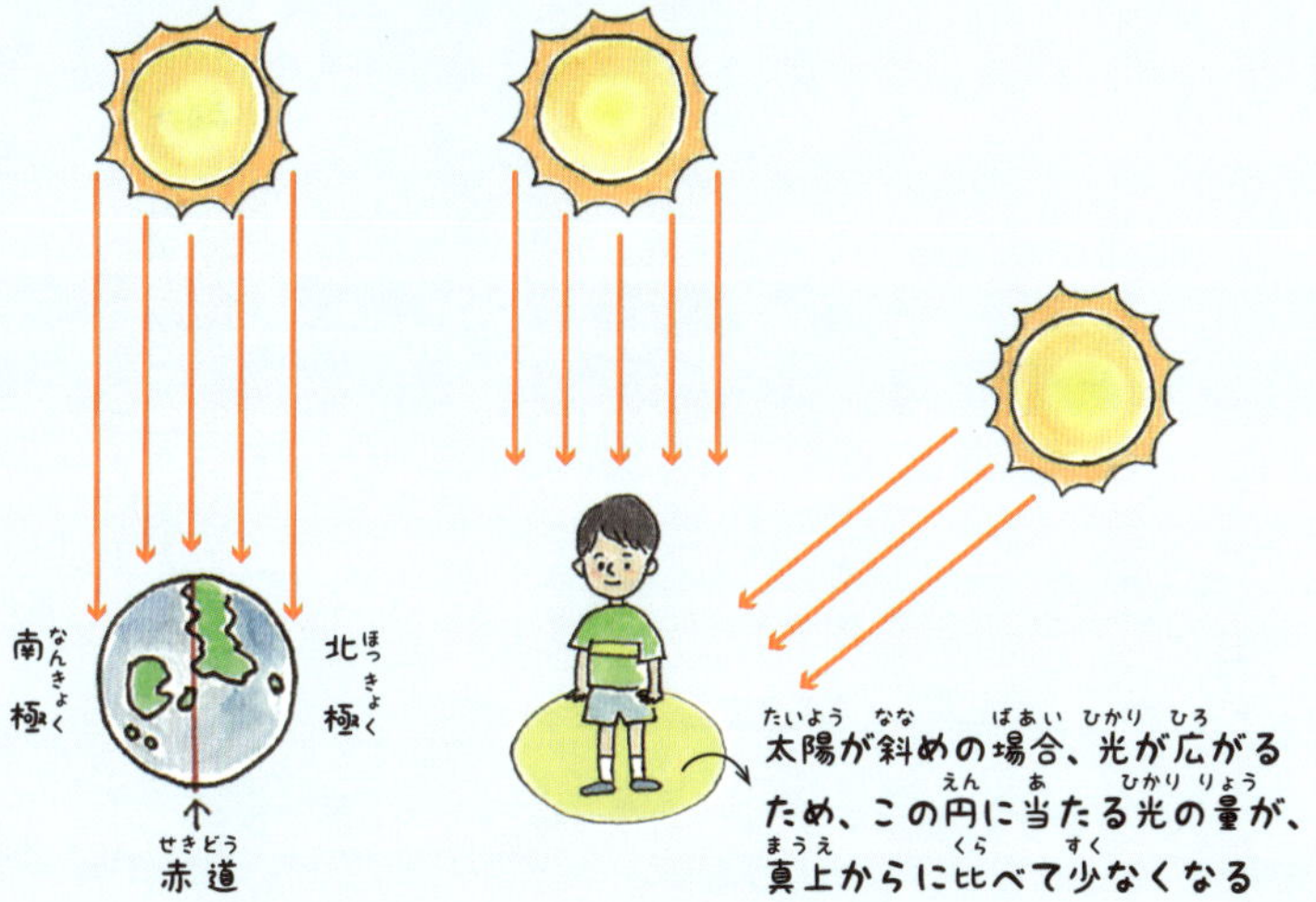
南極《なんきょく》
北極《ほっきょく》
赤道《せきどう》
太陽《たいよう》が斜《なな》めの場合《ばあい》、光《ひかり》が広《ひろ》がるため、この円《えん》に当《あ》たる光《ひかり》の量《りょう》が、真上《まうえ》からに比《くら》べて少《すく》なくなる

北極《ほっきょく》と南極《なんきょく》では、このように気温《きおん》に差《さ》があるものの、日本《にほん》と比《くら》べれば寒《さむ》い地域《ちいき》に間違《まちが》いありません。

では、どうして北極《ほっきょく》や南極《なんきょく》は寒《さむ》いのでしょうか？

簡単《かんたん》に言《い》うと、太陽《たいよう》の光《ひかり》が斜《なな》めから当《あ》たる位置《いち》にあるからです。地球《ちきゅう》は球体《きゅうたい》で、一日《いちにち》に1回転《かいてん》しています。そのため太陽《たいよう》の光《ひかり》がまっすぐ当《あ》たる赤道付近《せきどうふきん》は暖《あたた》かく、地球《ちきゅう》の両端《りょうはし》に行《い》くほど太陽《たいよう》の光《ひかり》が斜《なな》めから当《あ》たるために寒《さむ》くなるのです。

暖炉《だんろ》で、正面《しょうめん》が一番暖《いちばんあたた》かいのと同《おな》じです。

また北極《ほっきょく》は少《すこ》し傾《かたむ》いているため、地球《ちきゅう》の両端《りょうはし》である北極《ほっきょく》や南極《なんきょく》は、冬《ふゆ》にはほとんど太陽《たいよう》の光《ひかり》が当《あ》たらない位置《いち》になってしまいます。あとで説明《せつめい》しますが、極夜《きょくや》といい、北極《ほっきょく》や南極《なんきょく》の冬《ふゆ》は太陽《たいよう》が一日中昇《いちにちじゅうのぼ》らない日《ひ》が続《つづ》きます。

【質問《しつもん》1】

北極《ほっきょく》にサンタクロースはいますか？

北極《ほっきょく》って陸地《りくち》なの？　海《うみ》なの？

大部分《だいぶぶん》が海《うみ》で、海氷《かいひょう》が浮《う》かんでいる北極《ほっきょく》。そのため標高《ひょうこう》は低《ひく》い

「北極《ほっきょく》と南極《なんきょく》ってどっちも大《おお》きな氷《こおり》の塊《かたまり》なんでしょ？」「北極《ほっきょく》と南極《なんきょく》は両方《りょうほう》とも陸地《りくち》でしょ？」と、両《りょう》方《ほう》をまとめてイメージしている人《ひと》が多《おお》いと思《おも》いますが、二《ふた》つには大《おお》きな違《ちが》いがあります。

北極《ほっきょく》は、北極点《ほっきょくてん》（北緯《ほくい》90度《ど》）を中心《ちゅうしん》に北極海《ほっきょくかい》が広《ひろ》がっており、海《うみ》が凍《こお》ってできた海氷《かいひょう》に覆《おお》われています。また、氷《こおり》に裂《さ》け目《め》ができて川《かわ》のようになっているところや、氷《こおり》の凸凹《でこぼこ》が山《やま》のようになっているところもあります。

氷《こおり》の厚《あつ》さは冬《ふゆ》なら1～3mくらいで、夏《なつ》は薄《うす》くなります。近年《きんねん》は地球温暖化《ちきゅうおんだんか》の影響《えいきょう》で、夏《なつ》に溶《と》ける面積《めんせき》が大《おお》きくなってきています。

【答《こた》え1】

北極圏内《ほっきょくけんない》のロヴァニエミ市《し》（フィンランド）には、「サンタクロース村《むら》」があります。ここなら一年中《いちねんじゅう》サンタクロースに会《あ》えますよ！

北極《ほっきょく》と南極《なんきょく》の違《ちが》い

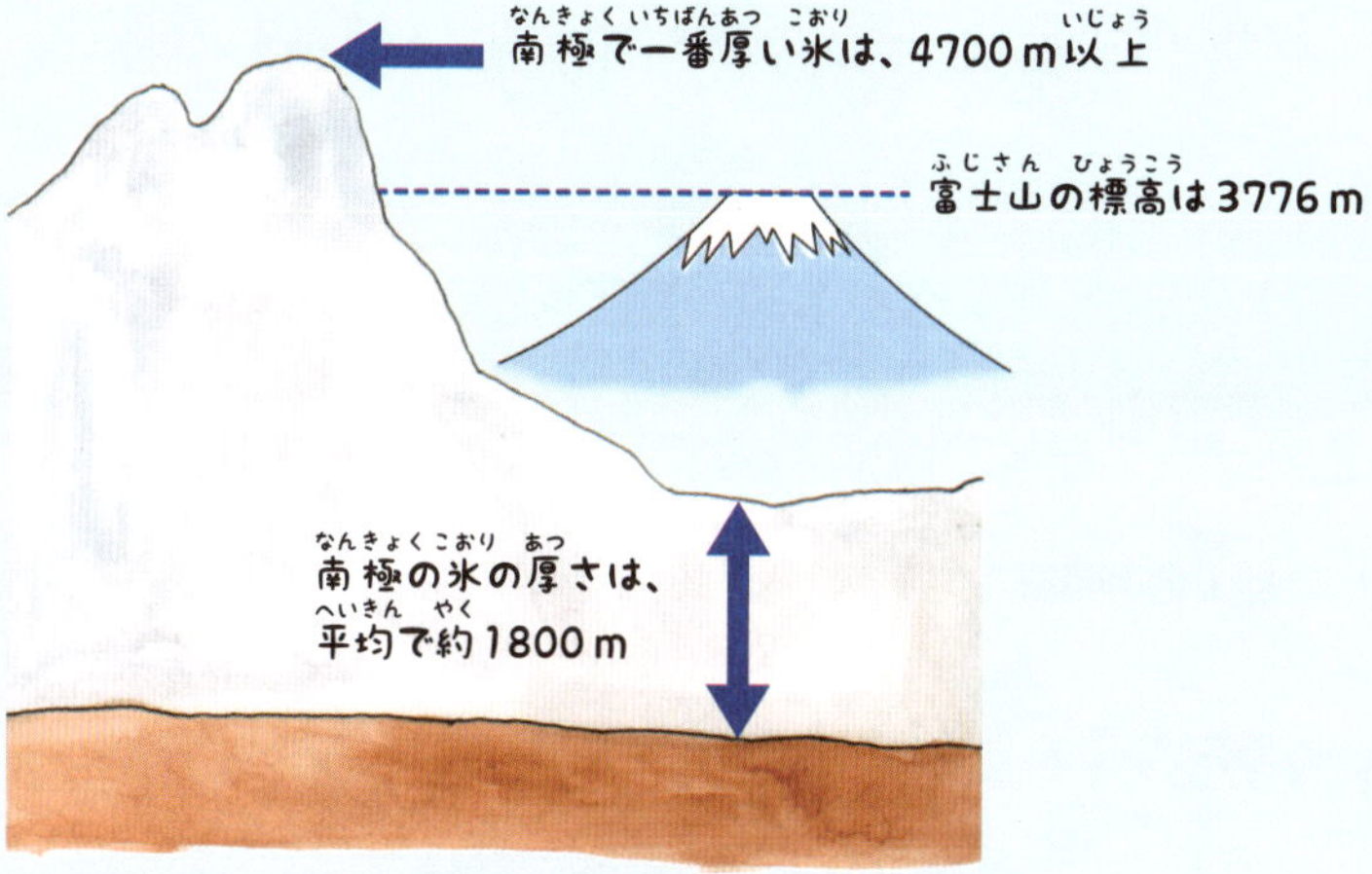
南極《なんきょく》で一番厚《いちばんあつ》い氷《こおり》は、4700m以上《いじょう》
富士山《ふじさん》の標高《ひょうこう》は3776m
南極《なんきょく》の氷《こおり》の厚《あつ》さは、
平均《へいきん》で約《やく》1800m

南極《なんきょく》は南極大陸《なんきょくたいりく》とも呼《よ》ばれ、南極点《なんきょくてん》（南緯《なんい》90度《ど》）を中心《ちゅうしん》とした陸地《りくち》で、日本《にほん》の約《やく》37倍《ばい》もの面積《めんせき》があります。そして、70万年以上《まんねんいじょう》も昔《むかし》から降《ふ》り積《つ》もった雪《ゆき》が、何千《なんぜん》メートルという厚《あつ》さの氷《こおり》となって南極大陸《なんきょくたいりく》を覆《おお》っているため、標高《ひょうこう》としてはとても高《たか》くなります。

そしてこの標高《ひょうこう》の違《ちが》いが、北極《ほっきょく》と南極《なんきょく》の気温差《きおんさ》につながっているのです。富士山《ふじさん》の頂上《ちょうじょう》のように、標高《ひょうこう》の高《たか》い山《やま》に登《のぼ》ると、気温《きおん》が下《さ》がるのと同《おな》じ仕組《しく》みです。南極《なんきょく》の氷《こおり》は平均《へいきん》で約《やく》１８００ｍと厚《あつ》く、北極《ほっきょく》よりも標高《ひょうこう》が高《たか》くなります。このため南極《なんきょく》の方《ほう》が北極《ほっきょく》よりも気温《きおん》が低《ひく》くなります。

さらに陸地《りくち》は、海《うみ》よりも冷《つめ》たくなりやすいという特徴《とくちょう》も影響《えいきょう》しています。

【質問《しつもん》２】……………………………………………………
北極《ほっきょく》で野生動物《やせいどうぶつ》に襲《おそ》われたことはありますか？

北極《ほっきょく》にすむのはペンギン？ それともシロクマ？

ホッキョクグマ

ペンギンが南極地方《なんきょくちほう》を含《ふく》む南半球《みなみはんきゅう》にしか生息《せいそく》していないのに対《たい》し、シロクマは北極地方《ほっきょくちほう》にしか生息《せいそく》していません。

シロクマの正式名称《せいしきめいしょう》は「ホッキョクグマ」と言《い》います。もしペンギンとシロクマが一緒《いっしょ》の場所《ばしょ》にすんでいたら……。シロクマがエサとしてペンギンを食《た》べ尽《つ》くしてしまうかもしれません。

その昔《むかし》、「ペンギン」と呼《よ》ばれていたオオウミガラスという海鳥《うみどり》が北極地方《ほっきょくちほう》に生息《せいそく》していました。この鳥《とり》は人間《にんげん》を見《み》ても逃《に》げなかったため、食用《しょくよう》としてたくさん狩《か》られてしまい、19世紀《せいき》のはじめには激減《げきげん》してしまいました。しかも、わずかに逃《に》げ延《の》びたオオウミガラスが暮《く》らしていた岩場《いわば》も、海底火山《かいていかざん》の

【答《こた》え2】……………………………………………………

何度《なんど》もホッキョクグマに襲《おそ》われました。犬《いぬ》とライフルがあったから助《たす》かったものの、なかったら今頃僕《いまごろぼく》は、ホッキョクグマのお腹《なか》の中《なか》です。

コウテイペンギン

噴火《ふんか》によって、なくなってしまったのです。そして、1844年《ねん》に残《のこ》っていた二羽《にわ》が殺《ころ》されたのを最後《さいご》に絶滅《ぜつめつ》してしまいました。

その後《ご》、オオウミガラスと生態《せいたい》がよく似《に》た海鳥《うみどり》が南極《なんきょく》で発見《はっけん》され、この海鳥《うみどり》を「ペンギン」と呼《よ》ぶようになったのです。これが現在《げんざい》、私《わたし》たちが水族館《すいぞくかん》でよく見《み》るペンギンです。

僕《ぼく》の住《す》む大阪《おおさか》には「北極《ほっきょく》のアイスキャンデー」という有名《ゆうめい》なアイスがあります。なんとそのアイスのキャラクターがペンギンなのです。これはわざとペンギンにしたのか？　デザインを考《かんが》えた人《ひと》が間違《まちが》えたのか？「北極《ほっきょく》のアイスキャンデー」を食《た》べる度《たび》に気《き》になって仕方《しかた》がありません。

【質問《しつもん》3】

水族館《すいぞくかん》のシロクマは、ときどきミドリクマになるって本当《ほんとう》ですか？

アザラシとアシカとセイウチ 北極《ほっきょく》にいるのはどれ？

これらはすべて〝鰭脚類《ききゃくるい》〟と呼《よ》ばれている、脚《あし》がひれになっている動物《どうぶつ》です。北極《ほっきょく》にはアザラシとセイウチ、南極《なんきょく》にはアザラシとアシカ科《か》であるオットセイがいます。アシカ科《か》というのは、アシカの仲間《なかま》という意味《いみ》です。

水族館《すいぞくかん》でショーを披露《ひろう》しているようなアシカは、北極《ほっきょく》でも南極《なんきょく》でもなく、アメリカのカリフォルニア湾《わん》など暖《あたた》かな海《うみ》にすんでいる種類《しゅるい》になります。ちょっとマイナーなオタリアもアシカの仲間《なかま》で、暖《あたた》かい海《うみ》にすんでいます。

そういえば、カレーや缶詰《かんづめ》で北海道土産《ほっかいどうみやげ》にもなっているトドもこの分類《ぶんるい》になります。なかなか複雑《ふくざつ》ですよね。

【答《こた》え3】

本当《ほんとう》です。ホッキョクグマの毛《け》は１本《ぽん》１本《ぽん》がストロー状《じょう》になっているため、藻《も》の仲間《なかま》が毛《け》の中《なか》にすみつくと緑色《みどりいろ》になることがあります。北極《ほっきょく》に比《くら》べ暖《あたた》かいからかもしれません。

北極《ほっきょく》と南極《なんきょく》の違《ちが》い

前足《まえあし》で歩《ある》けて、耳《みみ》があるのがアシカ
北極《ほっきょく》にも南極《なんきょく》にも生息《せいそく》していない

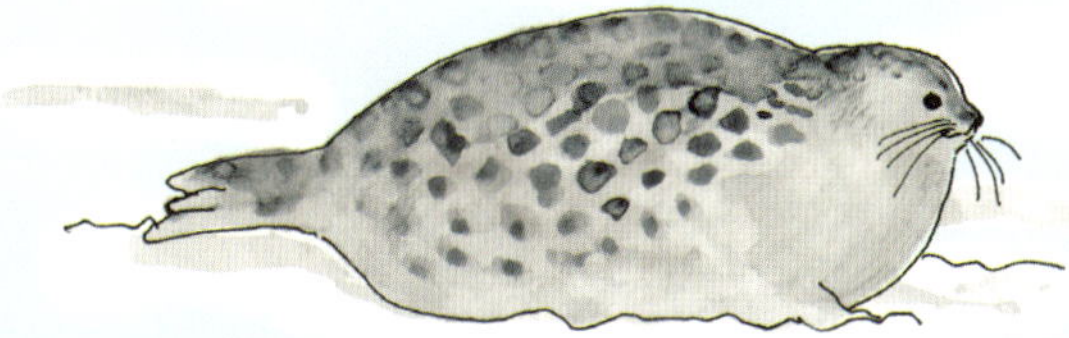

前足《まえあし》で歩《ある》けないし、耳《みみ》がないのがアザラシ
北極《ほっきょく》と南極《なんきょく》に生息《せいそく》

その中《なか》でも、一番《いちばん》わかりやすいのがセイウチです。オスにもメスにも牙《きば》があります。

アシカ科《か》は、前脚《まえあし》で立《た》ち上《あ》がって体《からだ》を支《ささ》えることができます。アシカがショーをできるのはこのためです。また、外《そと》から見《み》てはっきりわかる耳《みみ》がついています。

アザラシ科《か》は、前脚《まえあし》で立《た》ち上《あ》がることができません。陸《りく》では腹《はら》ばいになって移動《いどう》します。また、耳《みみ》は穴《あな》が開《あ》いているだけなので外《そと》からは見《み》えません。

アザラシは北極《ほっきょく》にも南極《なんきょく》にもいますが、その行動《こうどう》は全《まった》く違《ちが》います。北極《ほっきょく》にすむアザラシは、人間《にんげん》に気《き》がつくと、100mくらい離《はな》れてい

【質問《しつもん》4】

北極《ほっきょく》でラッコをみたことがありますか？

ても、するりと逃《に》げて氷《こおり》の穴《あな》に隠《かく》れてしまいます。人間《にんげん》がホッキョクグマと同《おな》じ、アザラシを食《た》べる天敵《てんてき》だと知《し》っているからです。

しかし南極《なんきょく》には南極条約《なんきょくじょうやく》という決《き》まりがあるため、研究以外《けんきゅういがい》の目的《もくてき》でアザラシの15m以内《いない》に近《ちか》づくことが禁止《きんし》されています。ペンギンも5mより近《ちか》づくのは禁止《きんし》です。もちろん、捕《つか》まえて食《た》べるなんてありえません。ですから、南極《なんきょく》のアザラシは人間《にんげん》が一緒《いっしょ》に昼寝《ひるね》できるくらいまで近《ちか》づいても逃《に》げません。

逆《ぎゃく》に、動物《どうぶつ》の方《ほう》から近《ちか》づいてくるので、南極条約《なんきょくじょうやく》で決《き》められた距離《きょり》を守《まも》るために慌《あわ》てて人間《にんげん》の方《ほう》が逃《に》げた、なんて話《はなし》もあるほどです。

【答《こた》え4】

確《たし》かにラッコも寒《さむ》い海《うみ》にすむ動物《どうぶつ》ですが、北極圏《ほっきょくけん》よりも南《みなみ》の方《ほう》にすんでいるため、北極《ほっきょく》で見《み》ることはありません。

北極《ほっきょく》ってどこの国《くに》？ 南極《なんきょく》ってどこの国《くに》？

北極圏《ほっきょくけん》
カナダ
アメリカ
（アラスカ）
（グリーンランド）
デンマーク
アイスランド
ノルウェー
スウェーデン
フィンランド
ロシア
北極海沿岸諸国《ほっきょくかいえんがんしょこく》：8か国《こく》

北極海《ほっきょくかい》は領土《りょうど》となる陸地《りくち》がなく、公海《こうかい》のため、どこの国《くに》のものでもありません。

ただし北極圏《ほっきょくけん》は、北極海《ほっきょくかい》を取《と》り囲《かこ》むように、デンマーク、カナダ、アメリカ、ロシア、アイスランド、ノルウェー、フィンランド、スウェーデンの8つの国《くに》がそれぞれの領土《りょうど》を管理《かんり》しています。北極圏《ほっきょくけん》とは、北半球《きたはんきゅう》の北緯《ほくい》66度《ど》33分《ぶ》の緯線《いせん》より北《きた》の地域《ちいき》のことをいいます（イラストの赤《あか》い点線《てんせん》より内側《うちがわ》）。

一方《いっぽう》、南極《なんきょく》は、南極条約《なんきょくじょうやく》によりどこの国《くに》のものでもありません。

その代《か》わり、南極《なんきょく》には世界各国《せかいかっこく》の観測基地《かんそくきち》がたくさんあり、研究者《けんきゅうしゃ》などが暮《く》らしています。

日本《にほん》は現在《げんざい》、南極《なんきょく》に昭和基地《しょうわきち》とドームふじ基地《きち》の二《ふた》つの観測基地《かんそくきち》を持《も》っています。

【質問《しつもん》5】

日本《にほん》から北極《ほっきょく》へ行《い》くのに、飛行機代《ひこうきだい》はいくらくらいかかるのですか？

人《ひと》は住《す》んでいるの？

イヌイットの子《こ》どもたち

北極《ほっきょく》には、何千年《なんぜんねん》も前《まえ》から人《ひと》が住《す》んでいますが、南極《なんきょく》には村《むら》も町《まち》もなく、観測基地以外《かんそくきちいがい》に人《ひと》は住《す》んでいません。

北極《ほっきょく》に住《す》む人《ひと》たちは、昔《むかし》は「エスキモー」と呼《よ》ばれていました。しかし1980年代《ねんだい》に入《はい》った頃《ころ》から、この呼《よ》び方《かた》が「生肉《なまにく》を食《た》べる野蛮《やばん》な人《ひと》たち」という意味《いみ》で、差別語《さべつご》にあたるという説《せつ》が広《ひろ》がったため、新《あたら》しい呼《よ》び方《かた》として広《ひろ》まったのが、「イヌイット」です。僕《ぼく》も昔《むかし》は「イヌイット」と呼《よ》ぶようにしていました。しかし、その後《ご》の民族学者《みんぞくがくしゃ》の研究《けんきゅう》で、「エスキモー」という言葉《ことば》は、「かんじき(雪上《せつじょう》を歩《ある》くとき靴《くつ》の底《そこ》につける道具《どうぐ》)を編《あ》む」という言葉《ことば》がもとになっており、それが何故《なぜ》か歴史《れきし》の中《なか》でねじ曲《ま》がってしまったという説《せつ》が出《で》てきました。

【答《こた》え5】

2018年現在《ねんげんざい》、グリーンランド北西部地方《ほくせいぶちほう》へ行《い》く一番安《いちばんやす》いチケットでも、往復《おうふく》で50万《まん》円《えん》はかかります。乗《の》り継《つ》ぎも多《おお》く、片道《かたみち》3日《か》はかかります。

イヌイットの老夫婦《ろうふうふ》

日本《にほん》ではすでに「イヌイット」が定着《ていちゃく》してしまい、昔《むかし》のように「エスキモー」という呼《よ》び方《かた》に戻《もど》すのは難《むずか》しいですが、決《けっ》して「エスキモー」が差別語《さべつご》にあたるわけではないということを覚《おぼ》えておいてください。実際《じっさい》、現地《げんち》には「俺《おれ》はエスキモーだ」と名乗《なの》る人《ひと》もいます。

僕《ぼく》たちは自分《じぶん》たちのことを「日本人《にほんじん》」と呼《よ》びますが、グリーンランドの人《ひと》たちは自分《じぶん》たちのことを公式《こうしき》には「カラーリッ（グリーンランド人《じん》）」と呼《よ》ぶそうです。ですから、「カラーリッ」が正解《せいかい》と言《い》えるかもしれません。

この本《ほん》では、皆《みな》さんになじみの深《ふか》い「イヌイット」を使用《しよう》しています。

【質問《しつもん》6】

エスキモーとイヌイット、結局《けっきょく》どっちで呼《よ》べばいいのですか？

2 マイナス40℃《ど》の世界《せかい》

オシッコは凍《こお》る？　バナナで釘《くぎ》は打《う》てる？　想像《そうぞう》を超《こ》えるマイナス40℃《ど》の世界《せかい》ってどんなだろう？

マイナス40℃《ど》ってどんな世界《せかい》？

残《のこ》っていたはずのお湯《ゆ》が
カチカチに！

マイナス40℃《ど》の世界《せかい》は、寒《さむ》いというより肌《はだ》がキーンと痛《いた》いです。鼻《はな》から息《いき》を吸《す》い込《こ》むと、鼻毛《はなげ》がピキピキッと凍《こお》っていくようにツンとします。

ちなみに僕《ぼく》が経験《けいけん》した北極《ほっきょく》での最低気温《さいていきおん》はマイナス48℃《ど》でした。

外《そと》に出《で》かけるときは、温《あたた》かいコーヒーやお茶《ちゃ》を飲《の》むための水筒《すいとう》を持《も》ち歩《ある》きます。昔《むかし》ながらの中《なか》がガラスの魔法瓶《まほうびん》は、凍《こお》るとガラスの部分《ぶぶん》が割《わ》れてしまうため、ステンレス製《せい》のものを使《つか》います。

魔法瓶《まほうびん》に入《い》れたお湯《ゆ》は、北極《ほっきょく》の空気《くうき》の中《なか》でも7、8時間《じかん》は温《あたた》かいままですが、時間《じかん》と共《とも》にだんだんと冷《さ》めてしまいます。僕《ぼく》も実際《じっさい》、水筒《すいとう》が入《はい》ったリュックを野外《やがい》に置《お》き忘《わす》れ、翌日《よくじつ》にふたを開《あ》けてみたら、中《なか》でお湯《ゆ》がカチカチに凍《こお》っていた経験《けいけん》があります。

【答《こた》え6】

リスペクトの気持《きも》ちや同《おな》じ人間《にんげん》だという気持《きも》ちがあれば、イヌイットでもエスキモーでも、どちらを使《つか》っても同《おな》じというのが僕《ぼく》の考《かんが》えです。

オシッコはツララのように凍《こお》る？

漫画《まんが》などではこのように表現《ひょうげん》されることがあるかもしれませんが、実際《じっさい》は俗説《ぞくせつ》。つまり間違《まちが》いです。これまで何度《なんど》もマイナス30℃《ど》以下《いか》の気温《きおん》の中《なか》でオシッコをしましたが、オシッコが出《で》た瞬間《しゅんかん》からツララのように凍《こお》る、ということを経験《けいけん》したことはありません。オシッコも熱《ねつ》を持《も》っていて、それなりに温《あたた》かいですからね。

ただ、バケツに入《い》れた水《みず》をマイナス30℃《ど》や40℃《ど》といった外気《がいき》に30分《ぷん》も置《お》いておくと、水《みず》の表面《ひょうめん》には薄《うす》く氷《こおり》が張《は》ってしまいますし、カチカチに凍《こお》り付《つ》いた地面《じめん》に水《みず》をぶちまけると、冷《ひ》え切《き》った地面《じめん》の温度《おんど》も手伝《てつだ》って、瞬時《しゅんじ》に凍《こお》り付《つ》いてしまうのは確《たし》かです。

【質問《しつもん》7】……

魔法瓶《まほうびん》が無《な》かった頃《ころ》は、どうやってお茶《ちゃ》を飲《の》んでいたのですか？

北極《ほっきょく》のトイレ事情《じじょう》って？

天気《てんき》が良《よ》くて風《かぜ》が穏《おだ》やかな日《ひ》には、堂々《どうどう》と広々《ひろびろ》とした氷原《ひょうげん》でするのが快適《かいてき》ですが、風《かぜ》の強《つよ》い日《ひ》には、テントの風下側《かざしもがわ》に隠《かく》れてします

暖《あたた》かいコートや手袋《てぶくろ》をしていても、どうしても肌《はだ》を出《だ》さなければならないのがトイレです。犬《いぬ》ぞりでの移動中《いどうちゅう》には、家《いえ》のようなトイレはありませんし、氷《こおり》の上《うえ》には公衆《こうしゅう》トイレもありません。マイナス30℃《ど》でも、40℃《ど》でも、凍《こご》える寒《さむ》さの中《なか》で用《よう》を足《た》さないといけません。本《ほん》を読《よ》みながらなんてのんびりしていると、おしりが凍傷《とうしょう》(寒《さむ》すぎて起《お》こる損傷《そんしょう》)になってしまいます。

ウンコをする時《とき》は、一気《いっき》に済《す》ませてしまうのがコツ。実《じつ》はこれ、僕《ぼく》の特技《とくぎ》で、正確《せいかく》な時間《じかん》を計《はか》ったことはありませんが、30秒《びょう》もかからないと思《おも》います。

もちろんトイレを済《す》ませたあとは、できるだけ急《いそ》いでおしりをしまいます。それでも、寒《さむ》くて肌《はだ》がジンジンします。ちなみにトイレットペーパーは、1日《にち》

【答《こた》え7】

氷《こおり》や雪《ゆき》を鍋《なべ》で溶《と》かしてお湯《ゆ》を作《つく》って休憩《きゅうけい》していました。その頃《ころ》の方《ほう》が休憩時間《きゅうけいじかん》は長《なが》くて犬《いぬ》たちは嬉《うれ》しかったかもしれません。

雪《ゆき》の上《うえ》にポツンと見《み》える変《か》わった形《かたち》をしたまっ黒《くろ》な塊《かたまり》を「なんだろう」と、手袋《てぶくろ》をしたまま拾《ひろ》い上《あ》げてみたら、カチカチに凍《こお》った犬《いぬ》のウンコだった、なんて経験《けいけん》もあります

で使《つか》う分《ぶん》をちゃんと計算《けいさん》して持参《じさん》していきます。

僕《ぼく》だけではなくそりをひく犬《いぬ》たちも、当然《とうぜん》ながら外《そと》でトイレをします。犬《いぬ》をつないでいるところには、ウンコが点々《てんてん》と転《ころ》がっていますが、極寒《ごっかん》の冬《ふゆ》の季節《きせつ》にはウンコもカチカチに凍《こお》り付《つ》きます。掃除《そうじ》しようとしても地面《じめん》に張《は》りついて動《うご》きません。足《あし》で蹴飛《けと》ばしてもびくともせず、石《いし》と見間違《みまちが》えるほどです。

日本《にほん》で犬《いぬ》のウンコを踏《ふ》んづけてしまうと「ぎゃ～あっ！」とパニックになりそうですが、カチカチに凍《こお》り付《つ》いていると案外平気《あんがいへいき》なものです。

しかし気温《きおん》が上《あ》がる春先《はるさき》は、解凍《かいとう》が始《はじ》まるためアウトです。そして夏《なつ》になり、空気《くうき》が乾燥《かんそう》すると、ウンコもカラカラに干上《ひあ》がり、土《つち》に還《かえ》っていきます。

【質問《しつもん》8】……………………………………………………

北極《ほっきょく》の犬《いぬ》も日本《にほん》と同《おな》じように朝晩二回散歩《あさばんにかいさんぽ》をするのですか？

凍《こお》ったバナナで釘《くぎ》を打《う》てる？

北極《ほっきょく》に通《かよ》い始《はじ》めてすぐの頃《ころ》、実際《じっさい》にやって確《たし》かめてみました。

町《まち》のお店《みせ》でバナナを探《さが》し、外《そと》でしっかりバナナを凍《こお》らせたあと、カチカチに凍《こお》ったバナナで板《いた》にトントンと釘《くぎ》を打《う》とうとすると……。

本当《ほんとう》に石《いし》のように凍《こお》り付《つ》いたバナナで釘《くぎ》を〝少《すこ》しだけ〟打《う》ち込《こ》むことができました。しかし、5回《かい》くらいでバナナはバラバラに割《わ》れてしまいました。これは、相手《あいて》が硬《かた》い木材《もくざい》だと、釘《くぎ》を強《つよ》く打《う》つ衝撃《しょうげき》に凍《こお》ったバナナが耐《た》え切《き》れなかったからだと思《おも》います。

その昔《むかし》、凍《こお》ったバナナで釘《くぎ》を打《う》つテレビコマーシャルがありましたが、かなり柔《やわ》らかい木材《もくざい》を使用《しよう》して釘《くぎ》を打《う》っていたのではないかと思《おも》っています。

【答《こた》え8】

犬《いぬ》ぞりで走《はし》るのが散歩《さんぽ》の代《か》わりになるため、朝晩《あさばん》の散歩《さんぽ》はありません。

北極《ほっきょく》では冷《つめ》たい金属《きんぞく》を触《さわ》ってはいけないって本当《ほんとう》？

冷《ひ》えたスプーンが唾液《だえき》を一瞬《いっしゅん》で凍《こお》らせ、瞬間接着剤《しゅんかんせっちゃくざい》のようにくっつきます

本当《ほんとう》です。

マイナス40℃《ど》の世界《せかい》は、非常《ひじょう》に危険《きけん》な世界《せかい》でもあります。特《とく》に濡《ぬ》れた（湿《しめ》った）手《て》で冷《ひ》えた金属《きんぞく》に直接《ちょくせつ》触《さわ》ると、手《て》が金属《きんぞく》に貼《は》りついてしまいます。僕《ぼく》もこれで、痛《いた》い思《おも》いをした経験《けいけん》があります。

犬《いぬ》ぞりでの移動中《いどうちゅう》、そりを止《と》めて「さあ休憩《きゅうけい》だ、コーヒーを飲《の》もう」と、砂糖《さとう》をかき混《ま》ぜるための金属《きんぞく》のスプーンを口《くち》にくわえた瞬間《しゅんかん》、なんと冷《ひ》え切《き》ったスプーンが舌《した》にくっついてしまったのです。驚《おどろ》いてあわてて引《ひ》っ張《ぱ》ったので、舌《した》の皮《かわ》が少《すこ》し一緒《いっしょ》にはがれてしまいました。痛《いた》かったなぁ……。こういうときは、暖《あたた》かいところにいくか、せめて体温《たいおん》で温《あたた》めてからはがさないといけません。みなさんも気《き》をつけてくださいね。

【質問《しつもん》9】

北極《ほっきょく》を題材《だいざい》にした有名《ゆうめい》なお話《はなし》はありますか。

世界一北《せかいいちきた》の町《まち》ってどこ？

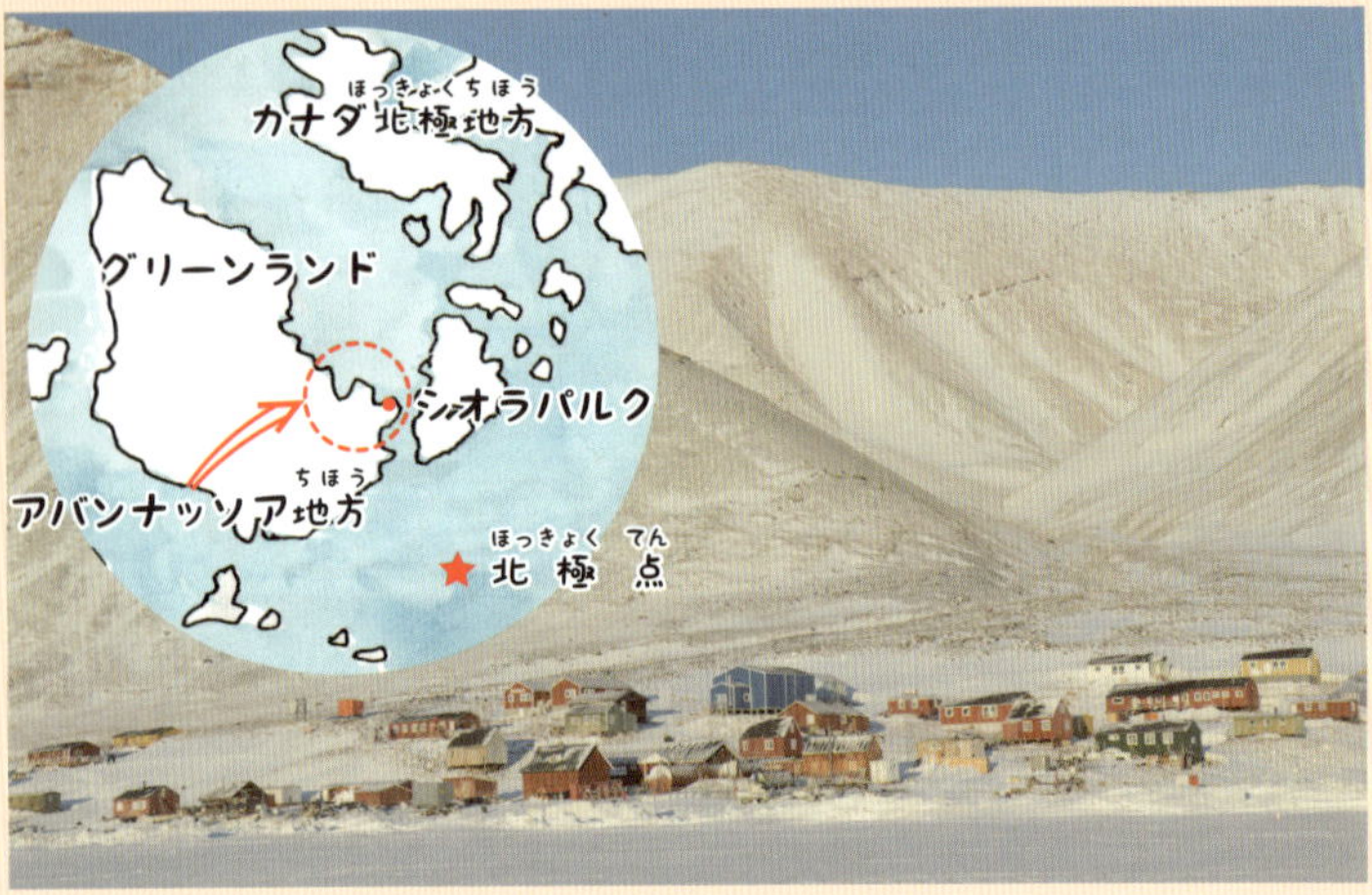

世界最北《せかいさいほく》の人々《ひとびと》が住《す》む地域《ちいき》は、グリーンランドの北《ほく》西部《せいぶ》、北緯《ほくい》75度《ど》から80度《ど》にかけて広《ひろ》がる、「アバンナッソア（北《きた》の果《は》て）」と呼《よ》ばれている場所《ばしょ》です。この地域《ちいき》は現在《げんざい》、カナック、ケケッタ、シオラパルク、サビシビックという4つの町村《ちょうそん》から成《な》り立《た》っていますが、厳密《げんみつ》にいうとシオラパルクが世界最北《せかいさいほく》の先住《せんじゅう》民族《みんぞく》の村《むら》になります。

この本《ほん》で紹介《しょうかい》するエピソードの多《おお》くは、僕《ぼく》が「北《きた》の果《は》て」に30年間《ねんかん》通《かよ》って経験《けいけん》したことになります。

おまけ程度《ていど》に付《つ》け加《くわ》えておくと、アバンナッソアよりさらに北《きた》、ノルウェーのスピッツベルゲン諸島《しょとう》（北緯《ほくい》79度《ど》）には、研究者《けんきゅうしゃ》が調査観測《ちょうさかんそく》をするための施設《しせつ》があります。しかしこれは、普通《ふつう》に生活《せいかつ》をするための場所《ばしょ》ではありませんから町《まち》とはいえません。

【答《こた》え9】

アンデルセン童話《どうわ》の「雪《ゆき》の女王《じょおう》」が有名《ゆうめい》です。物語《ものがたり》に登場《とうじょう》する女王《じょおう》のお城《しろ》は、スピッツベルゲン諸島《しょとう》にあるという設定《せってい》だそうです。

北極《ほっきょく》に夏《なつ》ってあるの？

北極地方《ほっきょくちほう》にも夏《なつ》はあります。
冬《ふゆ》には気温《きおん》がマイナス30〜40℃《ど》になりますが、夏《なつ》には場所《ばしょ》にもよりますが、プラス5〜10℃《ど》になることもあります。近年《きんねん》は気候《きこう》の影響《えいきょう》で、みぞれや小雪《こゆき》ではなく雨《あめ》が降《ふ》ることもしばしばあります。太陽《たいよう》が高《たか》く照《て》った穏《おだ》やかな日《ひ》は、まるで日本《にほん》の春《はる》のようです。
また、雪《ゆき》が溶《と》ける7〜8月頃《がつごろ》には、北極《ほっきょく》でも草花《くさばな》が咲《さ》き乱《みだ》れます。日本《にほん》でも涼《すず》しい夏《なつ》の高地《こうち》で見《み》られる、高山植物系《こうざんしょくぶつけい》の草花《くさばな》です。ヤナギラン、ベルフラワー、ワタスゲ、ラップランドツツジやイワウメなど、多種《たしゅ》の草花《くさばな》が見《み》られます。他《ほか》にもコケモモ、ベニタケ、ヤナギやコケなども観察《かんさつ》できます。
地面《じめん》が凍《こお》り付《つ》く冬《ふゆ》の季節《きせつ》、植物《しょくぶつ》は雪《ゆき》の下《した》でじっと夏《なつ》を待《ま》ちわびているのです。

【質問《しつもん》10】
ホッキョククマは誰《だれ》でも獲《と》ることができるのですか？

陸《りく》や海《うみ》にたくさんの動物《どうぶつ》が生息《せいそく》している北極《ほっきょく》。生態系《せいたいけい》の頂点《ちょうてん》にはホッキョクグマがいます。

3 北極《ほっきょく》の生《い》き物《もの》たち

北極《ほっきょく》に生《い》き物《もの》っているの？

北極《ほっきょく》には、海《うみ》にも陸地《りくち》にもたくさんの生《い》きものがすんでいます。少《すこ》し意外《いがい》でしたか？
僕《ぼく》も以前《いぜん》は、「北極《ほっきょく》は生《い》きものが少《すく》ない寂《さび》しい世界《せかい》」というイメージを抱《いだ》いていました。ところが実際《じっさい》に北極《ほっきょく》に通《かよ》い続《つづ》けてみると、そのイメージが一変《いっぺん》してしまったのです。

北極地方《ほっきょくちほう》の動物《どうぶつ》の王様《おうさま》であるホッキョクグマ（シロクマ）をはじめ、陸地《りくち》にはトナカイ（カリブー）、ジャコウウシ、キツネ、ウサギ、オオカミなどがすんでいます。海《うみ》にはセイウチ、アザラシ、クジラなどの海獣《かいじゅう》やいろいろな種類《しゅるい》の魚《さかな》がいます。

空《そら》にはカラスやハヤブサが冬《ふゆ》でも飛《と》び交《か》っていますし、季節《きせつ》ごとに、カモメやシロフクロウ、アッパリ

【答《こた》え10】

外国人《がいこくじん》による狩《か》りは禁止《きんし》です。現地《げんち》の人《ひと》でも、一年間《いちねんかん》に獲《と》っていい数《かず》が厳《きび》しく決《き》められています。

アスといった渡《わた》り鳥《どり》もヒナを育《そだ》てるためにやってきます。

もちろん人間《にんげん》もいます。日本《にほん》で暮《く》らしていると忘《わす》れがちですが、人間《にんげん》も動物《どうぶつ》の仲間《なかま》です。北極《ほっきょく》は、猟師《りょうし》が適度《てきど》に獲物《えもの》を捕《と》ることで、動物《どうぶつ》が増《ふ》えすぎることも減《へ》りすぎることもなく、人間《にんげん》と動物《どうぶつ》がバランスよく共存《きょうぞん》している世界《せかい》なのです。

僕《ぼく》は北極《ほっきょく》でいろいろな種類《しゅるい》の生《い》き物《もの》たちが息《いき》づいているのを見《み》て、「北極《ほっきょく》はなんて生命力《せいめいりょく》が溢《あふ》れる世《せ》界《かい》なのだろう！」とびっくりしたのを今《いま》でも覚《おぼ》えています。

この章《しょう》では、代表的《だいひょうてき》な北極《ほっきょく》の生《い》き物《もの》について、少《すこ》し紹介《しょうかい》させていただきます。

【質問《しつもん》11】

犬《いぬ》ぞりがあるのに、猫《ねこ》ぞりがないのはどうしてですか？

アザラシ

タテゴトアザラシ

ワモンアザラシ

一番《いちばん》おいしいのは
ワモンアザラシ！

アゴヒゲアザラシ

たくさんの種類《しゅるい》のアザラシが生息《せいそく》しています。僕《ぼく》の活動場所《かつどうばしょ》であるグリーンランド北西部地方《ほくせいぶちほう》で多《おお》くみられるアザラシは主《おも》に二種類《にしゅるい》です。灰色《はいいろ》の毛《け》に黒《くろ》い帯《おび》のような模様《もよう》があり、魚類《ぎょるい》やエビ、カニを食《た》べている、体長《たいちょう》が1・5～2mのタテゴトアザラシ。そして、灰色《はいいろ》の毛《け》に黒《くろ》っぽい色《いろ》の輪《わ》の模様《もよう》が全体《ぜんたい》にあり、小型《こがた》の魚類《ぎょるい》や大型《おおがた》プランクトンを食《た》べる、体長《たいちょう》1～1・5mのワモンアザラシ。このほかに北極地方《ほっきょくちほう》でもっとも大《おお》きな、体長《たいちょう》2～3mもあるアゴヒゲアザラシも見《み》ることができます。日本人《にほんじん》にとって、アザラシは水族館《すいぞくかん》で見《み》るかわいい生《い》き物《もの》ですが、北極地方《ほっきょくちほう》に住《す》む人《ひと》たちにとっては、貴重《きちょう》な食《た》べ物《もの》の一《ひと》つです。イヌイットが一年《いちねん》を通《つう》じて最《もっと》も多《おお》く食《た》べる肉《にく》が、アザラシなのです。

【答《こた》え11】

猫《ねこ》は協力《きょうりょく》して走《はし》るのには向《む》いていないからです。ただ、北欧神話《ほくおうしんわ》の女神《めがみ》は、猫《ねこ》のひく車《くるま》を使《つか》うという伝説《でんせつ》があります。もしかしたら女神《めがみ》なら猫《ねこ》ぞりも可能《かのう》かも？

アザラシは氷《こおり》の下《した》でどうやって呼吸《こきゅう》をするの？

海氷上《かいひょうじょう》
呼吸穴《こきゅうあな》
海氷《かいひょう》
海水《かいすい》
氷《こおり》の上《うえ》を歩《ある》いていてたまたま目《め》が合《あ》うとキュンとします

アザラシは海《うみ》の中《なか》で生活《せいかつ》をしていますが、魚《さかな》ではなく哺乳類《ほにゅうるい》ですから、波《なみ》の間《あいだ》から顔《かお》を出《だ》して、人間《にんげん》と同《おな》じように肺《はい》での呼吸《こきゅう》が必要《ひつよう》です。

では、海《うみ》が凍《こお》り付《つ》き、海面《かいめん》を厚《あつ》い氷《こおり》が覆《おお》う冬《ふゆ》の季節《きせつ》はどうやって呼吸《こきゅう》をしているのでしょうか？

アザラシたちは氷《こおり》のところどころに、呼吸《こきゅう》するための穴《あな》を持《も》っているのです。しかも面白《おもしろ》いことに、同《おな》じ穴《あな》をアザラシ全員《ぜんいん》で共有《きょうゆう》しています。冬《ふゆ》になり、薄《うす》く氷《こおり》が海面《かいめん》に張《は》り始《はじ》めた頃《ころ》から、みんなで代《か》わる代《が》わる同《おな》じ穴《あな》に鼻先《はなさき》を出《だ》して呼吸《こきゅう》することで、穴《あな》を凍《こお》らせないようにしています。いいエサ場《ば》では、氷《こおり》の厚《あつ》さが1mを超《こ》えるような場所《ばしょ》でも冬《ふゆ》の間中《あいだじゅう》、穴《あな》が空《あ》いています。地図《ちず》を持《も》っているわけではないのに、どこに穴《あな》が空《あ》いているかは、感覚的《かんかくてき》に覚《おぼ》えているようです。

【質問《しつもん》12】……………………………………………………
北極《ほっきょく》に野良犬《のらいぬ》はいますか？

食《た》べたことがあるかも？
北極《ほっきょく》の魚《さかな》・ウニ・カニ

オヒョウは〝えんがわ〟として日本《にほん》の回転寿司《かいてんずし》へ

北極《ほっきょく》の海水《かいすい》の表面温度《ひょうめんおんど》は冷《つめ》たく、年間《ねんかん》を通《とお》してマイナス1~2℃《ど》くらいですが、びっくりするほどたくさんの魚介類《ぎょかいるい》がすんでいます。

魚《さかな》では、オヒョウという大《おお》きなヒラメや、タラ、シシャモなどが一般的《いっぱんてき》です。また氷《こおり》が溶《と》ける季節《きせつ》には北極《ほっきょく》イワナが湖《みずうみ》や池《いけ》に産卵《さんらん》にやってきます。他《ほか》にサメやエイ、甘《あま》エビやウニ、貝類《かいるい》もたくさんいます。

冬《ふゆ》でも海《うみ》が凍《こお》らない暖《あたた》かなグリーンランド南部地方《なんぶちほう》では、一年《いちねん》を通《とお》して船《ふね》での漁業《ぎょぎょう》も盛《さか》んで、甘《あま》エビのように日本《にほん》に輸入《ゆにゅう》されている水産物《すいさんぶつ》もあります。僕《ぼく》は大阪《おおさか》のスーパーマーケットで、「グリーンランド産《さん》」のオヒョウを見《み》つけたことがあります。カニ漁《りょう》やウニ漁《りょう》も行われていますが、イヌイットの人《ひと》たちはウニを食《た》べる文化《ぶんか》はなく、もっぱら輸出用《ゆしゅつよう》となっています。

【答《こた》え12】

小《ちい》さな村《むら》にはいないですが、大《おお》きな町《まち》では飼《か》い主《ぬし》が分《わ》からない犬《いぬ》がうろついているのをよく見《み》かけます。

北極《ほっきょく》でもたくましい ハエとカラス

大《おお》きさは
日本《にほん》の2倍《ばい》
ほどかな
羽音《はおと》はかなり
うるさい

地球温暖化《ちきゅうおんだんか》の影響《えいきょう》で虫《むし》の体内時計《たいないどけい》が狂《くる》っている？

初冬《しょとう》の11月下旬《がつげじゅん》の深夜《しんや》。その日《ひ》は外気温《がいきおん》が0℃近《どちか》くまで上《あ》がり、この時期《じき》にしては珍《めずら》しく暖《あたた》かい日《ひ》でした。僕《ぼく》が部屋《へや》で寝《ね》ていると、何《なに》やら羽《は》ばたくような音《おと》が……電気《でんき》を付《つ》けて音《おと》のするほうに目《め》を向《む》けてみると、ハエが部屋《へや》の中《なか》を飛《と》び回《まわ》っていました。

雪《ゆき》と氷《こおり》が溶《と》ける夏《なつ》には、北極《ほっきょく》でもハエを見《み》ることができますが、間《ま》もなく12月《がつ》になろうかという時期《じき》にハエを見《み》るのは珍《めずら》しい経験《けいけん》でした。

カラスは、日本《にほん》のカラスより一回《ひとまわ》り大《おお》きく、ゴミ置《お》き場《ば》で残飯《ざんぱん》をあさっている姿《すがた》をよく見《み》かけます。その上《うえ》のドッグフードをカラスに食《く》い荒《あ》らされたこともあります。日本《にほん》では嫌《きら》われ者《もの》ですが、イヌイットの民話《みんわ》や伝説《でんせつ》では人気者《にんきもの》で、カラスが主役《しゅやく》の話《はなし》がいろいろとあるようです。

【質問《しつもん》13】

北極《ほっきょく》で『未確認生命体《みかくにんせいめいたい》』を見《み》たことがありますか？

ホッキョクウサギ

雪《ゆき》に埋《う》もれないように足《あし》が長《なが》いのです

北極地方《ほっきょくちほう》には野生《やせい》のウサギがいます。日本《にほん》でウサギといえば、子《こ》どもでも抱《だ》ける大《おお》きさの可愛《かわい》らしい動物《どうぶつ》を想像《そうぞう》しますが、北極《ほっきょく》にいるウサギは、体長《たいちょう》が50㎝を超《こ》えるような大《おお》ウサギです。

あまりの大《おお》きさに、はじめて北極《ほっきょく》ウサギを見《み》たとき「白《しろ》いキツネだ！」と勘違《かんちが》いしてしまったほどです。

ウサギに限《かぎ》らず同《おな》じような生《い》き物《もの》であれば、寒《さむ》いところにすんでいる動物《どうぶつ》ほど、大《おお》きくなると言《い》われています。大《おお》きいほうが、体温《たいおん》を保《たも》つのに都合《つごう》がいいからです。

北極《ほっきょく》のウサギは夏《なつ》に草花《くさばな》も食《た》べますが、冬《ふゆ》には雪《ゆき》をかき分《わ》けてコケや樹木《じゅもく》を食《た》べています。

またウサギは人々《ひとびと》にとっての貴重《きちょう》な食糧《しょくりょう》の一《ひと》つで、鳥肉《とりにく》のような味《あじ》がしてなかなかおいしいです。

【答《こた》え13】

謎《なぞ》の巨大生物《きょだいせいぶつ》の噂《うわさ》はあるようですが、僕《ぼく》は見《み》たことがありません。イヌイットの間《あいだ》では昔《むかし》からケビュットというお化《ば》けが信《しん》じられています。

ホッキョクグマ

見《み》た目《め》は愛《あい》らしいけど、おなかがすくと狂暴《きょうぼう》に！

地球上《ちきゅうじょう》で最大《さいだい》の肉食動物《にくしょくどうぶつ》

雄《おす》なら最大体重《さいだいたいじゅう》８００kgにもなるホッキョクグマ（別《べつ》名《めい》シロクマ）は、地球上《ちきゅうじょう》で最大《さいだい》の肉食動物《にくしょくどうぶつ》であり、アザラシや魚《さかな》を食《た》べて生《い》きています。

このホッキョクグマが近《ちか》くまでやってきたら北極《ほっきょく》でも大騒《おおさわ》ぎです。僕《ぼく》も、犬《いぬ》ぞりでの移動中《いどうちゅう》にホッキョクグマとはちあわせになったことがあります。氷《こおり》の山《やま》をよけようとしたら、向《む》こう側《がわ》から氷《こおり》をよけてきたホッキョクグマとばったり。あとほんの数《すう》メートルでホッキョクグマと交通事故《こうつうじこ》を起《お》こすところでした。

びっくりしたホッキョクグマが逃《に》げ出《だ》すと、なんと、そりにつながれた犬《いぬ》たちが勝手《かって》に追《お》いかけ始《はじ》めました。「止《と》まれ！」と号令《ごうれい》をかけても興奮《こうふん》した犬《いぬ》たちはききません。僕《ぼく》は振《ふ》り落《お》とされないように、ただただ必死《ひっし》でそりにしがみついていました。

【質問《しつもん》14】

そりをひく犬《いぬ》が途中《とちゅう》で亡《な》くなったときは、どうしているのですか？

夜光虫《やこうちゅう》

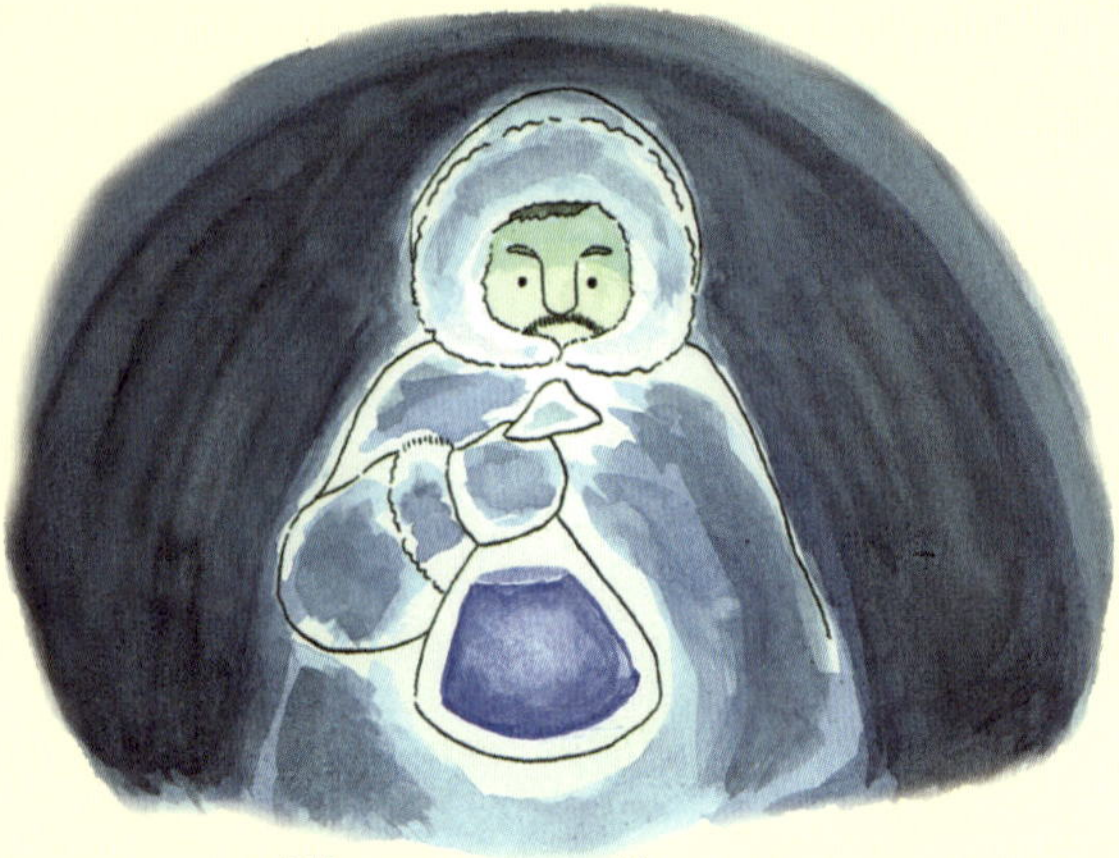

袋《ふくろ》に入《い》れてライト代《が》わりに!?

夜光虫《やこうちゅう》は、海《うみ》の中《なか》にいるプランクトンの一種《いっしゅ》です。その名《な》の通《とお》り、夜《よる》に青《あお》っぽく、蛍《ほたる》のように光《ひか》ります。同《おな》じように光《ひか》る富山県名産《とやまけんめいさん》のホタルイカに似《に》ていますが、夜光虫《やこうちゅう》は食《た》べられません。

北極《ほっきょく》で夜光虫《やこうちゅう》をよく見《み》かけるのは初冬《しょとう》。アザラシ猟《りょう》や魚釣《さかなつ》りのため海氷《かいひょう》に穴《あな》を空《あ》けた時《とき》です。観光客《かんこうきゃく》が多《おお》く訪《おとず》れるのは夏《なつ》の白夜《びゃくや》の時期《じき》ですから、普通《ふつう》の観光客《かんこうきゃく》が北極《ほっきょく》で夜光虫《やこうちゅう》を見《み》ることはありません。

実《じつ》は夜光虫《やこうちゅう》は日本《にほん》にもいる生《い》き物《もの》です。僕《ぼく》は子《こ》どもの頃《ころ》、福井県若狭地方《ふくいけんわかさちほう》の夏《なつ》の夜《よる》の浜辺《はまべ》で見《み》たことがあります。はじめて凍《こご》える北極《ほっきょく》の海《うみ》で夜光虫《やこうちゅう》を見《み》た時《とき》は、寒《さむ》さに負《ま》けない生命力《せいめいりょく》に驚《おどろ》いたものです。

極夜《きょくや》のときに夜光虫《やこうちゅう》をライトの代《か》わりにできたら便利《べんり》なのになぁ……なんて想像《そうぞう》してしまいます。

【答《こた》え14】

一度《いちど》だけ、犬《いぬ》ぞりの旅行中《りょこうちゅう》に犬《いぬ》を死《し》なせてしまったことがあります。亡《な》くなった犬《いぬ》は氷山《ひょうざん》のそばの雪《ゆき》に埋《う》めてやりました。涙《なみだ》が止《と》まりませんでした。

サメとエイ

北極《ほっきょく》で釣《つ》りをしていると、魚《さかな》に食《く》らいついたサメが一緒《いっしょ》に釣《つ》れることがあります。僕《ぼく》も何度《なんど》かサメを釣《つ》り上《あ》げましたが、どれも2〜2・5ｍくらいの大《おお》きさでした。北極《ほっきょく》で釣《つ》れるサメは「ニシオンデンザメ」という種《しゅ》類《るい》で、僕《ぼく》が釣《つ》ったときはおとなしかったですが、人《にん》間《げん》を食《た》べることもあるくらい凶暴《きょうぼう》みたいです。また長命《ちょうめい》で、４００歳以上《さいいじょう》のものが見《み》つかるほどです。50㎝くらいの大《おお》きさのエイも、魚《さかな》と一緒《いっしょ》に釣《つ》れます。なぜ、この2種類《しゅるい》を一緒《いっしょ》に紹介《しょうかい》したかというと、イヌイット語《ご》ではサメを「イカルッホアッ」、エイのことを「イカルッホアヌリッ」と言《い》うからです。「ヌリッ」というのはイヌイット語《ご》では「お嫁《よめ》さん」という意味《いみ》です。つまりエイは「サメのお嫁《よめ》さん」と言《い》われているわけです。

【質問《しつもん》15】

『流氷《りゅうひょう》の天使《てんし》』として水族館《すいぞくかん》で人気者《にんきもの》のクリオネって、北極《ほっきょく》にいる生物《せいぶつ》ですよね？

日本《にほん》にはない、地球最北端《ちきゅうさいほくたん》ならではのふしぎな自然現象《しぜんげんしょう》を紹介《しょうかい》します。

4 北極《ほっきょく》の空《そら》

北極《ほっきょく》の夜空《よぞら》は日本《にほん》と違《ちが》うの？

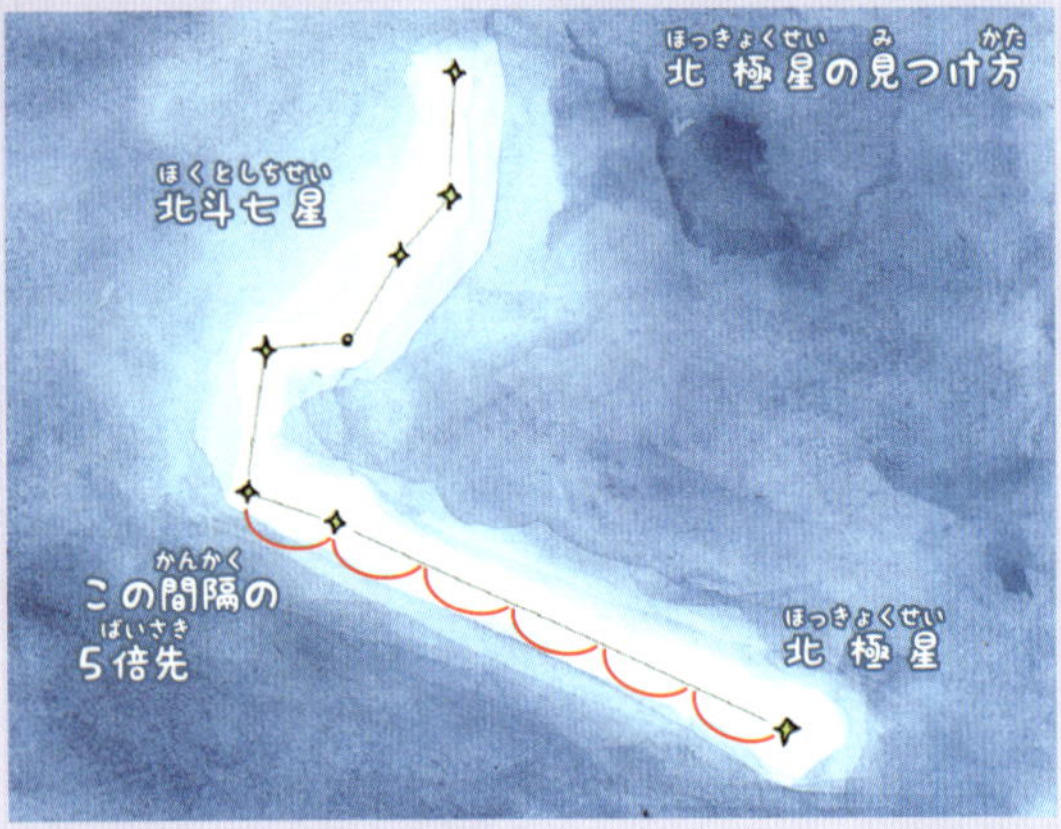
北極星《ほっきょくせい》の見《み》つけ方《かた》
北斗七星《ほくとしちせい》
この間隔《かんかく》の
5倍先《ばいさき》
北極星《ほっきょくせい》

星《ほし》の位置《いち》は、見《み》る緯度《いど》（場所《ばしょ》）や季節《きせつ》で大《おお》きく変《か》わるため、北極《ほっきょく》と日本《にほん》では、夜空《よぞら》の様子《ようす》はかなり違《ちが》います。

天体観測《てんたいかんそく》をする人《ひと》が目印《めじるし》にする星《ほし》として、北極星《ほっきょくせい》があります。日本《にほん》で北極星《ほっきょくせい》を探《さが》すときは、おおぐま座《ざ》の北斗七星《ほくとしちせい》を基準《きじゅん》にすることを、僕《ぼく》は子《こ》どもの頃《ころ》に教《おそ》わりました。しかし、北斗七星《ほくとしちせい》は冬《ふゆ》だと地平線上《ちへいせんじょう》の低《ひく》い位置《いち》になるため、とても見《み》つけづらくなります。いっぽう高緯度《こういど》の北極地方《ほっきょくちほう》では、冬《ふゆ》でも夜空《よぞら》を真上《まうえ》に見上《みあ》げるだけで、基準《きじゅん》となる北斗七星《ほくとしちせい》を簡単《かんたん》に見《み》つけることができるため、北極星《ほっきょくせい》もすぐにわかります。

しかも北極《ほっきょく》には星《ほし》の光《ひかり》を邪魔《じゃま》する電灯《でんとう》が少《すく》なく、空《くう》気《き》も澄《す》んでいますから、満天《まんてん》の星《ほし》が手《て》に届《とど》きそうなほど近《ちか》くに輝《かがや》いて見《み》えます。

【答《こた》え15】

クリオネは北極《ほっきょく》の海《うみ》にすんでいます。しかし現地《げんち》の人《ひと》はあまり興味《きょうみ》がないようです。見《み》かけても「なんか虫《むし》がいる」くらいの反応《はんのう》です。

白夜《びゃくや》って何《なに》？

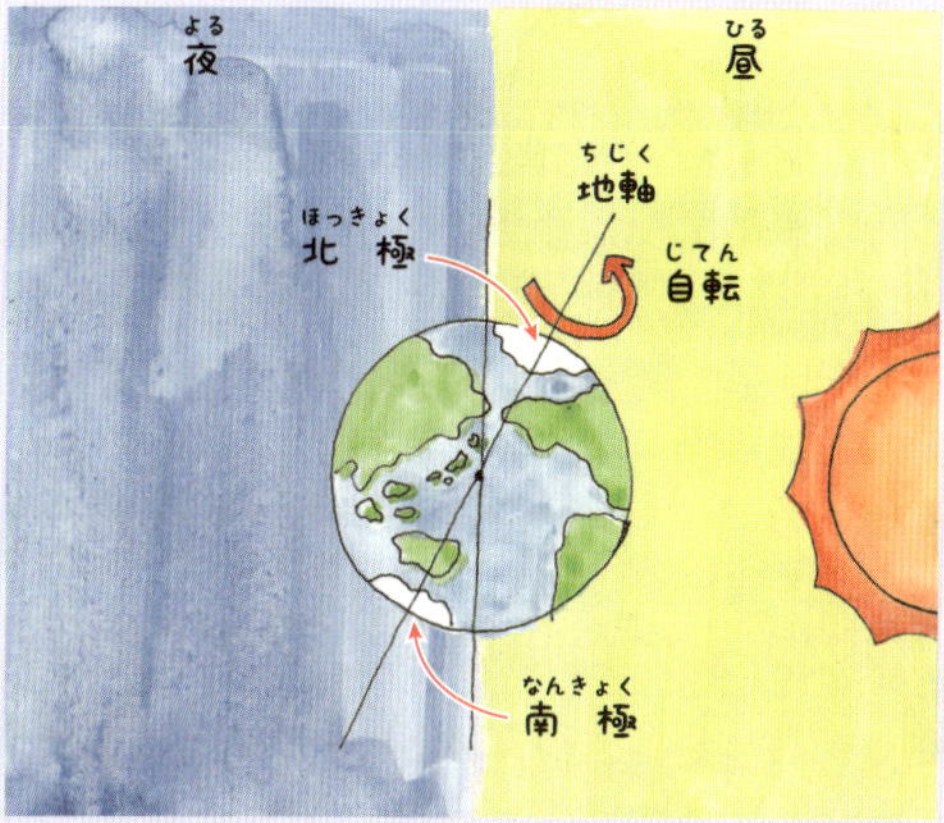

白夜《びゃくや》を簡単《かんたん》に説明《せつめい》すると、一日中太陽《いちにちじゅうたいよう》が沈《しず》まない現象《げんしょう》のことです。太陽《たいよう》が沈《しず》まないため、夜《よる》のない朝《あさ》か昼間《ひるま》だけの時間《じかん》が一日中続《いちにちじゅうつづ》くことになります。

僕《ぼく》が滞在《たいざい》している世界最北《せかいさいほく》のシオラパルク村《むら》では、4月中旬頃《がつちゅうじゅんごろ》から8月中旬頃《がつちゅうじゅんごろ》までの約《やく》4か月《げつ》もの間《あいだ》、夜《よる》のない明《あか》るい日《ひ》が続《つづ》きます。起伏《きふく》のある地形《ちけい》(山《やま》など)には影《かげ》になる時間帯《じかんたい》がありますが、周囲《しゅうい》に障害物《しょうがいぶつ》のない平《たい》らな場所《ばしょ》では、太陽《たいよう》が24時間顔《じかんかお》を出《だ》したまま、天空《てんくう》を360度《ど》一周《いっしゅう》します。

では、なぜ白夜《びゃくや》は起《お》きるのでしょうか？　これは、地球《ちきゅう》が自転《じてん》している軸《じく》(地軸《ちじく》)が傾《かたむ》いているからです。そして、白夜《びゃくや》が起《お》きる北緯《ほくい》66度《ど》33分《ぶ》より北《きた》の地方《ちほう》を北極圏《ほっきょくけん》、南緯《なんい》66度《ど》33分《ぶ》より南《みなみ》の地方《ちほう》を南極圏《なんきょくけん》と呼《よ》んでいます。

【質問《しつもん》16】

北極《ほっきょく》で一番感動《いちばんかんどう》したのはどんなことですか？

極夜《きょくや》って何《なに》？

白夜《びゃくや》と正反対《せいはんたい》の現象《げんしょう》で、一日中《いちにちじゅう》太陽《たいよう》が昇《のぼ》らない現象《げんしょう》のことです。

シオラパルク村《むら》では、10月中旬頃《がつちゅうじゅんごろ》に太陽《たいよう》が西《にし》の空《そら》に沈《しず》んでしまったら、次《つぎ》に太陽《たいよう》が昇《のぼ》るのは、2月《がつ》中旬頃《ちゅうじゅんごろ》となります。つまり、約《やく》4か月間《げっかん》も太陽《たいよう》を見《み》ることができないのです。

12月《がつ》20日《か》を過《す》ぎた冬至《とうじ》の日《ひ》がもっとも暗《くら》く、その日《ひ》はお昼頃《ひるごろ》に南《みなみ》の空《そら》が少《すこ》しだけ暗《くら》いオレンジ色《いろ》に染《そ》まるだけで、すぐにまた暗闇《くらやみ》に包《つつ》まれてしまいます。白夜《びゃくや》とは逆《ぎゃく》に、いつ起《お》きたらいいのか分《わ》からなくなりそうですね。

南極地方《なんきょくちほう》でも白夜《びゃくや》と極夜《きょくや》があります。しかし北極《ほっきょく》とは正反対《せいはんたい》の時期《じき》で、北極《ほっきょく》が白夜《びゃくや》の日《ひ》に南極《なんきょく》は極夜《きょくや》。北極《ほっきょく》が極夜《きょくや》の日《ひ》に、南極《なんきょく》は白夜《びゃくや》となります。

【答《こた》え16】

オーロラや幻日《げんじつ》など、いろいろな自然現象《しぜんげんしょう》を見《み》たことです。

「極夜《きょくや》」の真《ま》っ暗《くら》な季節《きせつ》は家《いえ》に閉《と》じこもってばかりいるの？

そんなことはありません。太陽《たいよう》の昇《のぼ》らない季節《きせつ》でも、猟師《りょうし》の人《ひと》たちは、狩猟《しゅりょう》をしたり、犬《いぬ》ぞりを走《はし》らせたりします。

極夜《きょくや》の間《あいだ》は太陽《たいよう》は昇《のぼ》りませんが、月《つき》は極夜《きょくや》の時期《じき》にも変《か》わりなく昇《のぼ》ります。特《とく》に、満月《まんげつ》が輝《かがや》く日《ひ》には、月明《つきあ》かりが周囲《しゅうい》の地形《ちけい》を数《すう》km先《さき》まで照《て》らして、太陽《たいよう》の代《か》わりをしてくれます。

昔《むかし》の人々《ひとびと》は、活動時間《かつどうじかん》を月《つき》が空《そら》にある時間帯《じかんたい》に上手《じょうず》に合《あ》わせ、自然《しぜん》の明《あ》かりを利用《りよう》しながら、極夜《きょくや》の中《なか》でも野外《やがい》で活動《かつどう》をしていました。

しかしいまでは猟師《りょうし》の人《ひと》たちも月《つき》に関係《かんけい》なく、学校《がっこう》やお店《みせ》と同《おな》じように、〝時計《とけい》の時間《じかん》〟で活動《かつどう》するようになりました。

【質問《しつもん》17】

探検《たんけん》に行《い》こうか、行《い》かないかで迷《まよ》ったことはありますか？

北極《ほっきょく》ではすべての場所《ばしょ》でオーロラが見《み》られるの？

高緯度地方《こういどちほう》で見《み》たオーロラ

オーロラとは、夜空《よぞら》が虹色《にじいろ》に輝《かがや》き、波打《なみう》って見《み》える美《うつく》しい自然現象《しぜんげんしょう》のことです。数分《すうふん》で終《お》わってしまうこともありますし、何時間《なんじかん》も続《つづ》くこともあります。北極地域《ほっきょくちいき》では、北極《ほっきょく》の真《ま》ん中《なか》の地域《ちいき》（高緯度地方《こういどちほう》）よりも、北極《ほっきょく》の端《はし》（低緯度地方《ていいどちほう》）の地域《ちいき》の方《ほう》が鮮《あざ》やかできれいなオーロラを見《み》ることができます。これは、オーロラが出《で》やすい〝オーロラ帯《たい》〟が、北極《ほっきょく》の端《はし》の方《ほう》にあるためです。そのためアラスカやカナダのイエローナイフ周辺《しゅうへん》の方《ほう》が、オーロラは有名《ゆうめい》です。しかし、高緯度地方《こういどちほう》でも全《まった》くオーロラが見《み》られないわけではなく、北緯《ほくい》78度《ど》に近《ちか》い高緯度地方《こういどちほう》でも、色《いろ》は薄《うす》めですがオーロラを見《み》ることができます。北極《ほっきょく》地方《ちほう》でオーロラが活発《かっぱつ》に活動《かつどう》している時《とき》は、南極地《なんきょくち》方《ほう》でも同時《どうじ》にオーロラが活動《かつどう》しているそうです。

【答《こた》え17】

実際《じっさい》の活動中《かつどうちゅう》に危険《きけん》そうな場面《ばめん》に出会《であ》うと、これ以上《いじょう》は行《い》こうか行《い》かないか迷《まよ》います。もちろん北極《ほっきょく》で活動《かつどう》すること自体《じたい》は、迷《まよ》っていません。

イヌイット語《ご》での面白《おもしろ》い星《ほし》の呼《よ》び方《かた》

北極《ほっきょく》で見《み》たすい星《せい》

〝星《ほし》〟のことをイヌイット語《ご》で「ウッドガヤッ」と言《い》います。〝すい星《せい》〟は「ウッドガヤパミウリ」。「パミウリ」の意味《いみ》は「尻尾《しっぽ》」。つまりすい星《せい》は、「星《ほし》に尻尾《しっぽ》が付《つ》いている」という意味《いみ》になります。

次《つぎ》に〝流《なが》れ星《ぼし》〟ですが、イヌイット語《ご》で「ウッドガヤアナッ」と言《い》います。「アナッ」は「ウンコ」の意味《いみ》で、流《なが》れ星《ぼし》は「星《ほし》のウンコ」と表現《ひょうげん》されているのです。ロマンチックのかけらもありません。

すい星《せい》はたまにしか見《み》ることはできませんが、流《なが》れ星《ぼし》は、びっくりするくらいたくさん見《み》られます。火花《ばな》がバチバチッと飛《と》び散《ち》り、その音《おと》が聞《き》こえてきそうなくらい近《ちか》い位置《いち》で流《なが》れ星《ぼし》を見《み》たこともあります。夜《よる》に新幹線《しんかんせん》が電線《でんせん》に火花《ひばな》を散《ち》らして猛烈《もうれつ》なスピードで走《はし》りぬけていくような豪快《ごうかい》な流《なが》れ星《ぼし》でした。

【質問《しつもん》18】

寒《さむ》さに耐《た》える特別《とくべつ》なトレーニングはしていますか？

オーロラ以外《いがい》にもある
不思議《ふしぎ》な空《そら》の現象《げんしょう》

太陽柱《たいようちゅう》

日本《にほん》の空《そら》でも、太陽《たいよう》が美《うつく》しい自然現象《しぜんげんしょう》を引《ひ》き起《お》こしてくれますが、北極《ほっきょく》でも同《おな》じように、太陽《たいよう》がいろいろな自然現象《しぜんげんしょう》をもたらしてくれます。

ここでは一般的《いっぱんてき》に見《み》かける、〝太陽柱《たいようちゅう》（サンピラー）〟〝ハロ〟〝幻日《げんじつ》〟の三《みっ》つの現象《げんしょう》について説明《せつめい》します。

〝太陽柱《たいようちゅう》〟は、オレンジ色《いろ》の光《ひかり》が地《ち》から天《てん》へと突《つ》きぬけるように輝《かがや》く現象《げんしょう》のことです。

〝ハロ〟は、太陽《たいよう》の周《まわ》りにエンジェルリングを連想《れんそう》させる白《しろ》い輪《わ》が出来《でき》る現象《げんしょう》のことです。

そして〝幻日《げんじつ》〟は、ハロの白《しろ》い輪《わ》に、太陽《たいよう》のような光《ひかり》が三《みっ》つ、四《よっ》つと現《あらわ》れる現象《げんしょう》のこと

【答《こた》え18】

北極《ほっきょく》に通《かよ》い始《はじ》めた20歳《さい》くらいのときは、夏《なつ》でも冬《ふゆ》でも毎日《まいにち》が水風呂《みずぶろ》でした。でもある時《とき》、体《からだ》は寒《さむ》さに自然《しぜん》と順応《じゅんのう》していくものだと気付《きづ》いてやめました。

です。どうしてこんな現象《げんしょう》が起《お》こるのでしょうか？

これらの現象《げんしょう》は、雲《くも》の中《なか》に浮遊《ふゆう》しているとても小《ちい》さな氷《こおり》の結晶《けっしょう》に、太陽《たいよう》の光《ひかり》が当《あ》たることによって引《ひ》き起《お》こされます。

そして、どの方向《ほうこう》から太陽《たいよう》の光《ひかり》が当《あ》たるのかによって、太陽柱《たいようちゅう》となったり、ハロとなったり、幻日《げんじつ》になったりするのです。まさに太《たい》陽《よう》と氷《こおり》の結晶《けっしょう》の総合芸術《そうごうげいじゅつ》というわけです。

犬《いぬ》ぞりでの走行中《そうこうちゅう》にこれらの現象《げんしょう》を見《み》かけると、何度《なんど》見《み》てもやっぱり「きれいだなあ……」と寒《さむ》さも疲《つか》れも吹《ふ》き飛《と》んで、つい鼻歌《はなうた》がでてしまうくらいの気持《きも》ちになります。

【質問《しつもん》19】

犬《いぬ》ぞりで移動《いどう》しているときに、時間《じかん》がわからなくなることはありますか？

羽根《はね》が付《つ》いたままの鳥《とり》を食《た》べる？
ふしぎな北極《ほっきょく》の食《た》べ物《もの》を紹介《しょうかい》します。

5 北極《ほっきょく》の食事《しょくじ》

生肉《なまにく》を食《た》べるって本当《ほんとう》なの？

生肉《なまにく》は栄養《えいよう》の宝庫《ほうこ》

昔《むかし》からイヌイットの人《ひと》たちには、捕《つか》まえた動物《どうぶつ》の肉《にく》を生《なま》で食《た》べるという習慣《しゅうかん》があります。

北極《ほっきょく》で火《ひ》をおこすのが大変《たいへん》だったことも理由《りゆう》の一《ひと》つですが、一番《いちばん》の目的《もくてき》は〝栄養補給《えいようほきゅう》〟でした。

実《じつ》は、肉《にく》や魚《さかな》の新鮮《しんせん》な血液《けつえき》には、ビタミンをはじめとする多《おお》くの栄養素《えいようそ》が含《ふく》まれているのです。そしてそれらの栄養素《えいようそ》の多《おお》くは、火《ひ》を通《とお》すと壊《こわ》れてしまうのです。

ビタミンCは特《とく》に熱《ねつ》で壊《こわ》れやすく、不足《ふそく》すると壊血病《かいけつびょう》という病気《びょうき》になってしまいます。他《ほか》の地域《ちいき》であれば、野菜《やさい》や果物《くだもの》を食《た》べることでビタミンCを得《え》られますが、北極《ほっきょく》では入手《にゅうしゅ》が困難《こんなん》です。そのため何千年《なんぜんねん》と北極地方《ほっきょくちほう》で暮《く》らすうちに、生肉《なまにく》を食《た》べることで

【答《こた》え19】

あまり時計《とけい》を見《み》ないので、時間《じかん》を忘《わす》れてしまうことはよくあります。

獲《と》ったセイウチを海氷上《かいひょうじょう》に引《ひ》き上《あ》げている様子《ようす》

平均《へいきん》で1トン以上《いじょう》もあるセイウチは、大人《おとな》5～6人《にん》で引《ひ》き上《あ》げるのがやっと…

栄養補給《えいようほきゅう》をするという知識《ちしき》を身《み》につけたのだと思《おも》います。

といっても、何《なん》でもかんでも捕《つか》まえてすぐに生《なま》のまま食《た》べているわけではありません。例《たと》えばアザラシやセイウチの場合《ばあい》、捕《つか》まえてすぐに食《た》べてもいいのは〝肝臓《かんぞう》〟だけだそうです。肝臓《かんぞう》は、寄生虫《きせいちゅう》を寄《よ》せ付《つ》けない働《はたら》きを持《も》った臓器《ぞうき》だということを、イヌイットの人《ひと》たちは知識《ちしき》として身《み》につけているのです。逆《ぎゃく》に肉《にく》の部分《ぶぶん》には寄生虫《きせいちゅう》がいるため、何日《なんにち》もしっかりと冷凍《れいとう》し、寄生虫《きせいちゅう》が死《し》んでから生《なま》で肉《にく》を食《た》べるようにしています。

ただしホッキョクグマの肝臓《かんぞう》は、人間《にんげん》も犬《いぬ》も食《た》べません。ビタミンAがあまりにも多《おお》すぎて、食《た》べると体調《たいちょう》を崩《くず》してしまうそうです。

【質問《しつもん》20】……………………………………

山崎《やまさき》さんが日本《にほん》に帰国《きこく》している間《あいだ》、犬《いぬ》たちはどうしているのですか？

イヌイットの人《ひと》たちは生肉《なまにく》ばかり食《た》べているの？

得意料理《とくいりょうり》は塩《しお》ゆで？

そんなことはありません。火《ひ》を使《つか》った料理《りょうり》もあります。ただ、昔《むかし》ながらの料理《りょうり》はとてもシンプルで、〝塩《しお》ゆで〟が一番《いちばん》のスタンダードな料理法《りょうりほう》になります。

実際《じっさい》、30年近《ねんちか》く北極《ほっきょく》に通《かよ》い続《つづ》けていますが、焼《や》いて食《た》べるイヌイット料理《りょうり》は見《み》たことがありません。

今《いま》でこそ色々《いろいろ》な調味料《ちょうみりょう》や食材《しょくざい》が輸入《ゆにゅう》され、入手《にゅうしゅ》しやすくなりましたが、それ以前《いぜん》は、食材《しょくざい》は自分《じぶん》たちで獲《と》った獲物《えもの》、調味料《ちょうみりょう》は海水《かいすい》を利用《りよう》した塩《しお》くらいしかなかったのですから、塩《しお》ゆでが多《おお》いのは当然《とうぜん》のことかもしれません。しっかりと時間《じかん》をかけて肉全体《にくぜんたい》をゆでることもあれば、肉《にく》の中心部《ちゅうしんぶ》に生《なま》の部分《ぶぶん》が残《のこ》るようにゆでるなど、好《この》みによってゆで加減《かげん》を変《か》えています。

僕《ぼく》もいろいろ食《た》べましたが、火《ひ》を通《とお》したアザラシの肉《にく》は、クジラの肉《にく》にとても似《に》ていました。

【答《こた》え20】

現地《げんち》の友人《ゆうじん》・知人《ちじん》に預《あず》かってもらっています。もちろんその間《あいだ》のエサ代《だい》は、せっせと日本《にほん》から仕送《しおく》りしています。

イヌイットの人《ひと》たちは魚《さかな》も生《なま》で食《た》べるの？

釣《つ》れるとみんなが笑《わら》う癒《いや》し系《けい》

オヒョウ釣《つ》りのエサにも使用《しよう》

今《いま》では火《ひ》を使《つか》った調理法《ちょうりほう》も広《ひろ》まっていますが、もともとは魚《さかな》も生《なま》で食《た》べるのが普通《ふつう》で、その習慣《しゅうかん》は現在《げんざい》も残《のこ》っています。

生《なま》といっても、獲《と》れたてを食《た》べるというよりは、一《いち》度凍《どこお》らせてから食《た》べることが多《おお》いようです。これも魚《さかな》に付《つ》く寄生虫《きせいちゅう》を避《さ》けるための知恵《ちえ》だと思《おも》います。

日本《にほん》のような刺身《さしみ》ではなく、冷凍保存《れいとうほぞん》しておいたオヒョウや北極《ほっきょく》イワナを、包丁《ほうちょう》やナイフで身《み》を切《き》り取《と》れるくらいの半解凍状態《はんかいとうじょうたい》にして食《た》べます。完全《かんぜん》に解凍《かいとう》してから食《た》べたこともありますが、僕《ぼく》の印象《いんしょう》では、魚《さかな》の身《み》にとても脂《あぶら》がのっているため、半解凍《はんかいとう》くらいが食《た》べやすいような気《き》がしました。昔《むかし》は塩《しお》しか味付《あじつ》けが無《な》かったと思《おも》いますが、最近《さいきん》では醤油《しょうゆ》が人《にん》気《き》で、チューブ入《い》りのワサビも輸入《ゆにゅう》されています。

【質問《しつもん》21】

北極《ほっきょく》ではどんな生《い》き物《もの》を食《た》べたことがありますか？

キビヤックって何《なに》？

北極《ほっきょく》でしか食《た》べられないんだよね～♪
世界《せかい》でベスト5に入《はい》る臭《くさ》い食《た》べ物《もの》

〝キビヤック〟は、世界《せかい》三大《さんだい》珍味《ちんみ》と言《い》われるほど、北極《ほっきょく》では有名《ゆうめい》な発酵食品《はっこうしょくひん》で、ツバメほどの大《おお》きさ（15～20㎝）のアッパリアスという鳥《とり》が材料《ざいりょう》です。作《つく》るのに最低《さいてい》でも2か月《げつ》はかかります。

夏《なつ》の時期《じき》にアッパリアスを詰《つ》め込《こ》んだアザラシの皮袋《かわぶくろ》を、上《うえ》から石《いし》を積《つ》み上《あ》げて覆《おお》い隠《かく》し、太陽《たいよう》の熱《ねつ》で石《いし》を温《あたた》めることで発酵《はっこう》させたら完成《かんせい》です。

変《か》わった作《つく》り方《かた》ですよね。大昔《おおむかし》、夏《なつ》の間《あいだ》にキツネなどに食《た》べられないように、石《いし》の下《した》に保管《ほかん》しておいたら、偶然《ぐうぜん》にもこんなにおいしい発酵食品《はっこうしょくひん》が出来上《できあ》がったのではないでしょうか。冬《ふゆ》の間《あいだ》は凍《こお》り付《つ》かせたまま、石《いし》の下《した》で保存《ほぞん》し、食《た》べたいときに掘《ほ》り起《お》こします。クジラ、セイウチ、アザラシなどの肉《にく》も、同《おな》じように発酵《はっこう》させて食《た》べることがあります。

【答《こた》え21】

ホッキョクグマ、クジラ、セイウチ、アザラシ、トナカイ、ジャコウウシ、ウサギ、キツネ、鳥《とり》や魚《さかな》。地元《じもと》の猟師《りょうし》が獲《と》ったものを分《わ》けてもらいました。

犬《いぬ》たちはこのにおいが
大好《だいす》きなんです

キビヤックを含《ふく》むこれらの発酵食品《はっこうしょくひん》は、自給自足《じきゅうじそく》の狩猟生活《しゅりょうせいかつ》を営《いとな》んでいた時代《じだい》には、各家庭《かくかてい》での一般的《いっぱんてき》な食《た》べものでした。しかし最近《さいきん》では「気持《きも》ち悪《わる》くて食《た》べられない」という若《わか》い人《ひと》たちも多《おお》いようです。

しかし僕《ぼく》は大好《だいす》きで、北極《ほっきょく》で一番《いちばん》の好物《こうぶつ》と言《い》ってもいいほどです。アッパリアスの羽根《はね》をむしって食《た》べるのですが、内臓《ないぞう》も脳《のう》みそも、骨以外《ほねいがい》は全《すべ》て食《た》べられます。また、発酵食品《はっこうしょくひん》には納豆《なっとう》のように臭《にお》いの強《つよ》い食《た》べ物《もの》が多《おお》いですが、キビヤックも例《れい》に洩《も》れず世《せ》界《かい》で四番目《よんばんめ》に臭《くさ》い食《た》べ物《もの》だといわれています。

なんとキビヤックが手《て》に付《つ》くと、数日《すうじつ》は臭《にお》いがとれません。しかしそりひきの犬《いぬ》たちはこの臭《にお》いが大好《だいす》きで、手袋《てぶくろ》ごしでも臭《にお》いをかぎつけて、手《て》を食《た》べようと近《ちか》づいてくるほどです。

【質問《しつもん》22】

最初《さいしょ》から生肉《なまにく》は食《た》べられましたか？

アミリって何《なに》？

鳥《とり》たちに感謝《かんしゃ》
しながら
いただきます！
塩味《しおあじ》であっさりとおいしい

アッパリアスは、キビヤック以外《いがい》でも人気《にんき》の夏《なつ》の食材《しょくざい》の一《ひと》つです。

スタンダードな食《た》べ方《かた》のひとつに〝塩《しお》ゆで〟があります。捕《と》れたての羽根《はね》が付《つ》いたままのアッパリアスを、大《おお》きな鍋《なべ》に何十羽《なんじゅうわ》も入《い》れてゆでるのです。これがアミリです。日本語《にほんご》に訳《やく》すと「羽根《はね》が付《つ》いている」というそのままの意味《いみ》になります。

アッパリアスをじっくりと1時間以上《じかんいじょう》かけて塩《しお》ゆでしたら、手《て》で羽根《はね》をむしり取《と》って食《た》べます。骨以外《ほねいがい》は内臓《ないぞう》も全《すべ》て食《た》べられます。塩味《しおあじ》が程《ほど》よく肉全体《にくぜんたい》に染《し》み込《こ》み、脂《あぶら》のしつこさもなく、あっさりとしておいしいです。

捕《と》った姿《すがた》のまま冷凍保存《れいとうほぞん》し、冬《ふゆ》にも食《た》べますが、やはり捕《と》れたてのほうが僕《ぼく》は好《す》きです。

【答《こた》え22】

はい！僕《ぼく》は最初《さいしょ》から生肉《なまにく》をパクパク食《た》べることができたので、逆《ぎゃく》にイヌイットの人《ひと》たちのほうが驚《おどろ》いていました。

イヌイットの人《ひと》たちが猫舌《ねこじた》って本当《ほんとう》なの？

本当《ほんとう》の話《はなし》です。

僕《ぼく》が見《み》た限《かぎ》りでは、イヌイットの人《ひと》たちは、圧倒的《あっとうてき》に猫舌《ねこじた》の人《ひと》が多《おお》いと思《おも》います。これは、凍《こお》った肉《にく》を食《た》べる昔《むかし》ながらの食習慣《しょくしゅうかん》に関係《かんけい》しているのかもしれません。

紅茶《こうちゃ》やコーヒーが熱《あつ》すぎて、氷《こおり》のかけらを入《い》れて温度《おんど》を下《さ》げてから飲《の》んだり、ゆでた獲物《えもの》の肉《にく》やスープが熱《あつ》すぎて、わざわざ外《そと》で冷《さ》ましてから食《た》べたりしている光景《こうけい》を見《み》かけます。

生活習慣《せいかつしゅうかん》や生活環境《せいかつかんきょう》から、こういう体質《たいしつ》になったとしか思《おも》えません。

若《わか》い人《ひと》よりも、昔《むかし》の生活《せいかつ》に馴染《なじ》んだ高齢者《こうれいしゃ》ほど、その傾向《けいこう》が強《つよ》いように思《おも》います。

【質問《しつもん》23】

野菜不足《やさいぶそく》にならないのですか？

北極《ほっきょく》ではクジラを食《た》べるの？

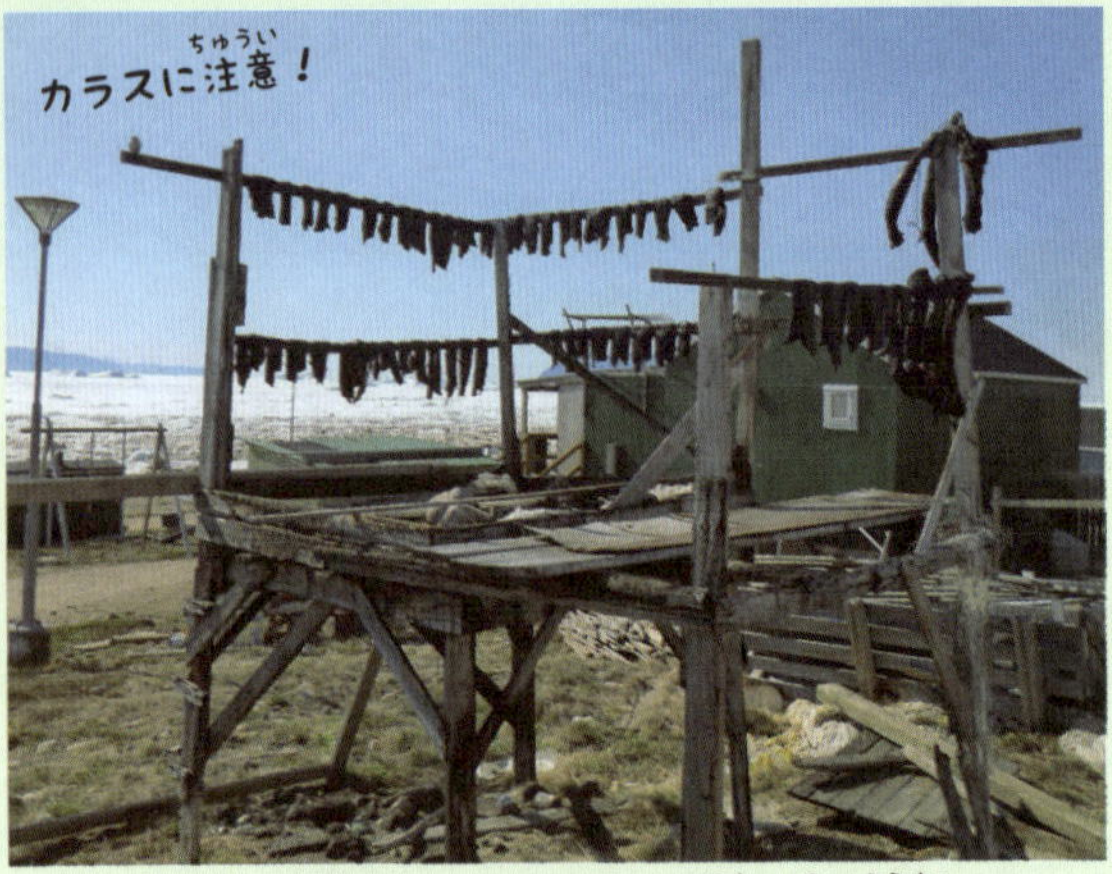

ニックを作《つく》るために、クジラの肉《にく》を干《ほ》す風景《ふうけい》

イヌイットの人《ひと》たちもクジラを食《た》べます。日本《にほん》ではクジラの肉《にく》が入手《にゅうしゅ》しにくくなりましたが、イヌイットの人《ひと》たちの生活《せいかつ》には、クジラは食文化《しょくぶんか》としていまだに残《のこ》っています。ここでは人気《にんき》のあるクジラの食《た》べ方《かた》を二《ふた》つほど紹介《しょうかい》します。

一《ひと》つ目《め》は、〝マッタッ〟と呼《よ》ばれるクジラの皮《かわ》の料理《りょうり》です。とれる量《りょう》が少《すく》ない皮《かわ》は高級食材《こうきゅうしょくざい》で、子《こ》どもの誕生日《たんじょうび》やお祝《いわ》いの日《ひ》には必《かなら》ず食《た》べます。脂肪《しぼう》のついた皮《かわ》を、ナイフで刻《きざ》みながら生《なま》で食《た》べるのですが、アワビのお刺身《さしみ》のようなコリコリした歯《は》ごたえです。

二《ふた》つ目《め》の料理《りょうり》は、スライスした赤身肉《あかみにく》を、夏《なつ》の天日《てんぴ》で乾燥《かんそう》させた〝ニック〟と呼《よ》ばれる干《ほ》し肉《にく》です。日本《にほん》語《ご》の〝肉《にく》〟を思《おも》わせる名前《なまえ》ですが、ビーフジャーキーのような保存食《ほぞんしょく》で、そのままかじって食《た》べます。

【答《こた》え23】

野菜不足《やさいぶそく》にはなります。栄養《えいよう》が不足《ふそく》していると体《からだ》で感《かん》じることもあります。今《いま》では住《じゅう》人《にん》たちも栄養剤《えいようざい》を利用《りよう》します。

どのように食事《しょくじ》をするの？

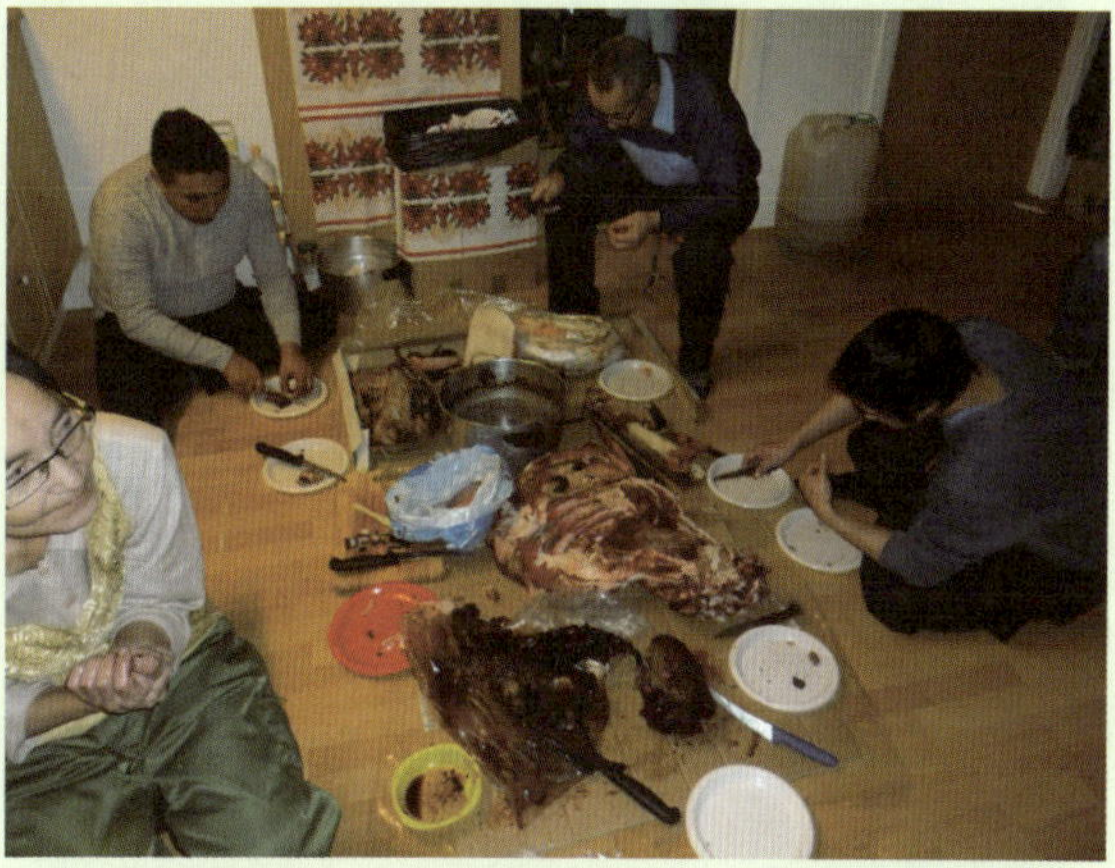

食事《しょくじ》の様子《ようす》：一番人気《いちばんにんき》は、クセのないトナカイの肉《にく》

昔《むかし》は獲物《えもの》を分《わ》け合《あ》う習慣《しゅうかん》が強《つよ》く、家族《かぞく》だけでなく村人《むらびと》が集《あつ》まって食《た》べるのが普通《ふつう》でした。床《ゆか》の上《うえ》に「ドンッ！」と置《お》かれた生肉《なまにく》や魚《さかな》を囲《かこ》み、各自《かくじ》が好《す》きな分《ぶん》だけ切《き》り取《と》って食《た》べるのです。

僕《ぼく》も現地《げんち》では、床《ゆか》に座《すわ》ってみんなで食《た》べるスタイルがお気《き》に入《い》りです。最近《さいきん》ではテーブルを囲《かこ》んで家族《かぞく》ごとに食事《しょくじ》をするようになってきましたが、お祝《いわ》いごとがあるときは、みんなが集《あつ》まって食《た》べることもあります。

北極地方《ほっきょくちほう》でも大《おお》きな街《まち》にはレストランがありますが、小《ちい》さな町村《ちょうそん》にはレストランも食堂《しょくどう》もありません。そのため田舎《いなか》の住人《じゅうにん》にとっては外食《がいしょく》の習慣《しゅうかん》がなく、誰《だれ》かの家《いえ》に行《い》ってみんなで食《た》べることが〝外食《がいしょく》〟といえるのかもしれません。

【質問《しつもん》24】

犬《いぬ》たちはなにを食《た》べていますか？

寒《さむ》いところに住《す》む人《ひと》は甘《あま》いものが好《す》きって本当《ほんとう》？

本当《ほんとう》です。北極《ほっきょく》の人々《ひとびと》はとにかく甘《あま》いものが大好《だいす》きです。

見《み》ていて「えっ！」と思《おも》うのが、コーヒーや紅茶《こうちゃ》に入《い》れる砂糖《さとう》の量《りょう》です。とにかく半端《はんぱ》な量《りょう》ではなく、中《ちゅう》さじくらいのスプーンに、砂糖《さとう》を4杯《はい》、5杯《はい》と入《い》れていきます。初《はじ》めて見《み》た時《とき》は「入《い》れる量《りょう》を間違《まちが》えているんじゃないか！」とビックリしました。砂糖《さとう》の入《い》れすぎで、かき混《ま》ぜても溶《と》けません。理科《りか》っぽく言《い》うなら飽和状態《ほうわじょうたい》です。

子《こ》どもたちも甘《あま》いお菓子《かし》には目《め》がありません。僕《ぼく》は日本《にほん》ではコーヒーや紅茶《こうちゃ》に砂糖《さとう》を入《い》れない派《は》ですが、不思議《ふしぎ》なことに冬《ふゆ》の北極《ほっきょく》では自然《しぜん》に体《からだ》が甘《あま》いものを欲《ほ》しがり、砂糖《さとう》を入《い》れるようになります。寒《さむ》さでカロリーが消費《しょうひ》されてしまうからでしょう。

【答《こた》え24】

昔《むかし》は獲物《えもの》の肉《にく》を食《た》べることが多《おお》かったのですが、最近《さいきん》では高《こう》カロリーの特製《とくせい》ドッグフードを食《た》べることも多《おお》くなりました。

食《た》べ物《もの》の種類《しゅるい》が増《ふ》え、肥満《ひまん》も増加中《ぞうかちゅう》

僕《ぼく》が初《はじ》めてグリーンランド北西部地方《ほくせいぶちほう》を訪《おとず》れた1990年頃《ねんごろ》は、コーヒーや紅茶《こうちゃ》にめちゃくちゃに砂糖《さとう》を入《い》れていても、太《ふと》っている人《ひと》は非常《ひじょう》に少《すく》なかった記憶《きおく》があります。

しかし現代《げんだい》では、北極《ほっきょく》にも外国《がいこく》からいろいろな食《た》べ物《もの》が入《はい》るようになり、ピザのような高《こう》カロリーのファストフードを食《た》べることも増《ふ》えました。また、昔《むかし》のように狩《か》りで身体《からだ》を動《うご》かすことも圧倒的《あっとうてき》に少《すく》なくなったため、子《こ》どもから大人《おとな》まで肥満《ひまん》が増加《ぞうか》しています。

糖尿病《とうにょうびょう》など現代病《げんだいびょう》を抱《かか》えている人《ひと》も多《おお》く、医学的《いがくてき》な指導《しどう》も政府《せいふ》によってされているようです。

【質問《しつもん》25】

イヌイットの人《ひと》たちが喜《よろこ》ぶプレゼントってどんなものですか？

日本食《にほんしょく》は北極《ほっきょく》にもあるの？

最北《さいほく》の村《むら》にもお寿司《すし》が！しかも冷凍《れいとう》!!

北極《ほっきょく》にも日本食《にほんしょく》はあります。

世界最北《せかいさいほく》の村《むら》でも、日本《にほん》のスーパーでよく見《み》られるようなメーカーの醤油《しょうゆ》や、カップラーメンが販売《はんばい》されています。特《とく》に醤油《しょうゆ》は調味料《ちょうみりょう》として大人気《だいにんき》で、今《いま》や各家庭《かくかてい》にあるといってもいいほどです。

カップラーメンはお湯《ゆ》だけで手軽《てがる》に食《た》べられるため、犬《いぬ》ぞりで移動《いどう》するときに利用《りよう》する猟師《りょうし》もいます。

ワサビや焼《や》きのりもお店《みせ》で見かけます。冷凍寿司《れいとうずし》もあります。解凍《かいとう》して食《た》べてみましたが、日本《にほん》のお寿《す》司《し》とは程遠《ほどとお》く、お米《こめ》もパサパサで、「お寿司風《すしふう》の何《なに》か」といった感《かん》じです。

最近《さいきん》は、巻《ま》き寿司用《ずしよう》の〝まきす〟もお店《みせ》で見《み》かけます。北極地方《ほっきょくちほう》にもお寿司《すし》が広《ひろ》まり始《はじ》めているのかも

【答《こた》え25】

僕《ぼく》の経験《けいけん》から言《い》うと、男性《だんせい》には、日本製《にほんせい》の作業用《さぎょうよう》の手袋《てぶくろ》やアウトドア用品《ようひん》、女性《じょせい》には日本製《にほんせい》の丈夫《じょうぶ》な手芸用《しゅげいよう》の糸《いと》や化粧品《けしょうひん》が喜《よろこ》ばれます。

しれません。

少《すこ》し話《はなし》はそれますが、北極《ほっきょく》の人《ひと》たちもお米《こめ》を買《か》って料理《りょうり》をすることがあります。北極《ほっきょく》ではお米《こめ》は栽培《さいばい》されていないため、売《う》っているのは全《すべ》て輸入米《ゆにゅうまい》ということになります。

人気料理《にんきりょうり》の一《ひと》つは、お米《こめ》にアザラシやクジラ、トナカイ（カリブー）などの肉《にく》を混《ま》ぜて煮込《にこ》んだもの。基本的《きほんてき》な味付《あじつ》けは塩《しお》でします。「お粥《かゆ》みたいだな」と思《おも》った人《ひと》は勘《かん》がいいです。偶然《ぐうぜん》にも、この料理《りょうり》は「カユ」と呼《よ》ばれています。

もう一《ひと》つは、お米《こめ》と干《ほ》しブドウを一緒《いっしょ》に混《ま》ぜて砂糖《さとう》味《あじ》で煮込《にこ》んだ料理《りょうり》です。これも見《み》た目《め》はお粥《かゆ》ですが、僕《ぼく》はどうも甘《あま》いお粥《かゆ》はなじめません。どちらかというと、おやつのように感《かん》じます。

【質問《しつもん》26】……………………………………………

北極《ほっきょく》や南極《なんきょく》では隕石《いんせき》が見《み》つかりやすいって本当《ほんとう》ですか？

北極《ほっきょく》の人《ひと》たちは、動物《どうぶつ》や魚《さかな》をどうやって捕《つか》まえて暮《く》らしているのでしょうか。

6 動物《どうぶつ》や魚《さかな》の捕《つか》まえ方《かた》

狩《か》りをするときはどういう道具《どうぐ》を使《つか》うの？

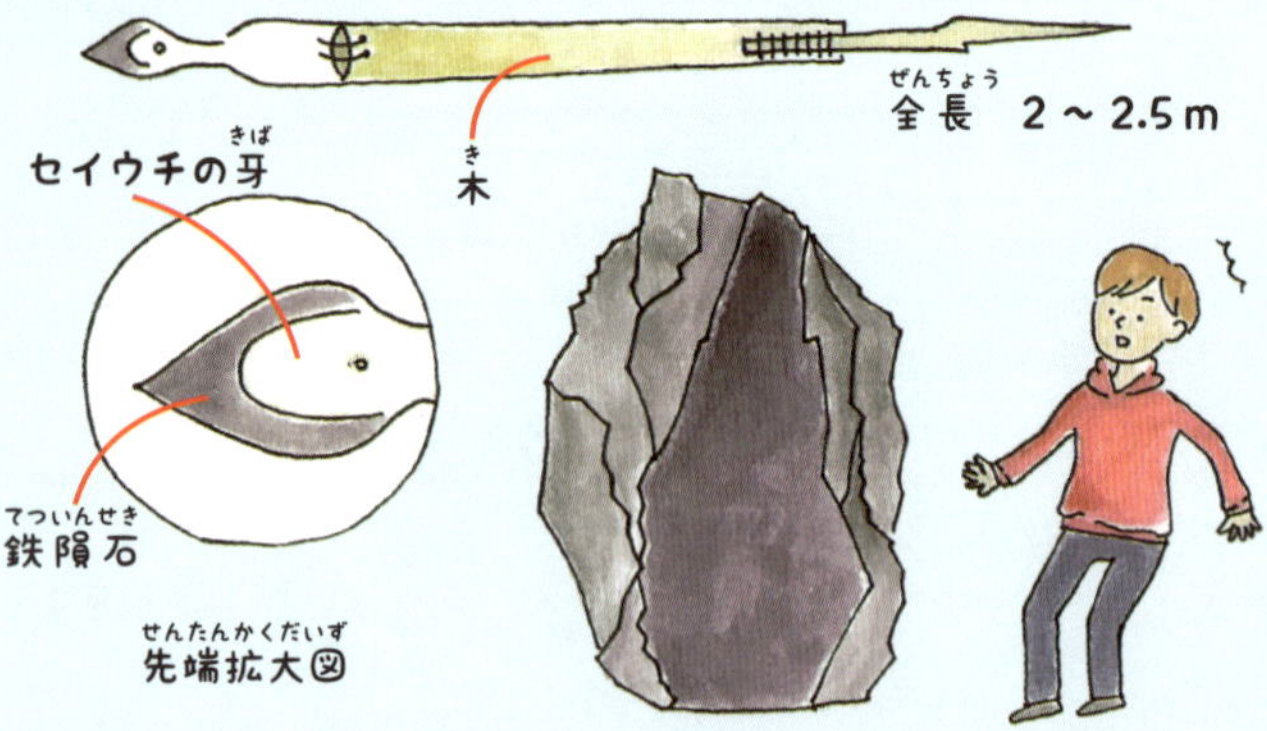
全長《ぜんちょう》 2～2.5m
セイウチの牙《きば》
木《き》
鉄隕石《てついんせき》
先端拡大図《せんたんかくだいず》

昔《むかし》からイヌイットの猟師《りょうし》たちは、動物《どうぶつ》の骨《ほね》や角《つの》、牙《きば》などを矢《や》じりに使《つか》ったモリを狩猟道具《しゅりょうどうぐ》として利用《りよう》してきました。

しかし、鉄《てつ》の技術《ぎじゅつ》がない大昔《おおむかし》にも、ある地域《ちいき》に限《かぎ》っては鉄製《てつせい》の器具《きぐ》を使《つか》っていました。不思議《ふしぎ》ですよね。実《じつ》は、グリーンランド北西部地方《ほくせいぶちほう》に自然《しぜん》に転《ころ》がっていた、人《ひと》の背丈《せたけ》ほどもある大《おお》きな〝硬《かた》い塊《かたまり》〟から削《けず》り取《と》って利用《りよう》していたのです。

この硬《かた》い塊《かたまり》は、〝鉄隕石《てついんせき》〟と呼《よ》ばれる鉄《てつ》でできた隕石《いんせき》で、当時《とうじ》は鉄《てつ》とは知《し》らずに使《つか》っていたそうです。

ところが1900年代初頭《ねんだいしょとう》に、船《ふね》でアメリカからやって来《き》た探検隊《たんけんたい》が、この塊《かたまり》を自国《じこく》に持《も》ち帰《かえ》って売《う》ってしまったのです。もちろん地元民《じもとみん》は、「俺《おれ》たちの大《たい》切《せつ》な生活資源《せいかつしげん》だったのに」と、今《いま》でも怒《いか》り心頭《しんとう》です。

【答え26】

本当《ほんとう》です。ただ、南極《なんきょく》や北極《ほっきょく》にたくさん隕石《いんせき》が落《お》ちてくるわけではありません。単《たん》に隕石《いんせき》が黒《くろ》いため、氷《こおり》の上《うえ》だと見《み》つけやすいのです。

ホッキョクグマ狩《が》りの方法《ほうほう》は？

犬《いぬ》と人間《にんげん》が協力《きょうりょく》して仕留《しと》める

犬《いぬ》ぞりでホッキョクグマを追《お》い詰《つ》めたら、そりに繋《つな》いだ何頭《なんとう》かの犬《いぬ》たちを切《き》り離《はな》し、襲《おそ》い掛《か》からせる。そして、ホッキョクグマが立《た》ち上《あ》がったところをイヌイットが銃《じゅう》で仕留《しど》める。これが、昔《むかし》から変《か》わらない基本的《きほんてき》なホッキョクグマ狩《が》りの方法《ほうほう》です。

現在《げんざい》でも乱獲《らんかく》を防《ふせ》ぐために、ホッキョクグマを追《お》いかけるときはスノーモービルを使《つか》ってはいけません。巨大《きょだい》なホッキョクグマを狩《か》るには、今《いま》も昔《むかし》も犬《いぬ》たちと人間《にんげん》が力《ちから》を合《あ》わせなければならないのです。

以前《いぜん》、僕《ぼく》のそり犬《いぬ》チームのリーダー犬《けん》〝キナリ〟が体中傷《からだじゅうきず》だらけになって戻《もど》ってきたことがあります。なんとホッキョクグマを一匹《いっぴき》だけで追《お》って、一戦交《いっせんまじ》えたみたいです。一頭《いっとう》で戦《たたか》いを挑《いど》むなんて、命知《いのちし》らずとしか言《い》いようがありません。

【質問《しつもん》27】……………………………………

お店《みせ》で売《う》っているアザラシの肉《にく》の値段《ねだん》はいくらですか？

アザラシはどうやって捕《つか》まえるの？

カムターッホッに隠《かく》れて、100mくらい近《ちか》づいたら発射《はっしゃ》！

4月《がつ》も中旬《ちゅうじゅん》を過《す》ぎて春《はる》がやってくると、高緯度《こういど》の北《ほっ》極地方《きょくちほう》は太陽《たいよう》が高《たか》くそびえて白夜《びゃくや》となり、日射《にっしゃ》も暖《あたた》かくなります。そしてこの季節《きせつ》になるとアザラシも海氷《かいひょう》の上《うえ》に姿《すがた》を現《あらわ》し、昼寝《ひるね》を楽《たの》しむようになります。この状態《じょうたい》のアザラシを「ウーット」していると言《い》います。日本語《にほんご》の「うとうと」と似《に》ていますね。

鉄砲《てっぽう》の無《な》い時代《じだい》、イヌイットの猟師《りょうし》たちはモリでアザラシを討《う》ち獲《と》っていましたが、鉄砲《てっぽう》が持《も》ち込《こ》まれてからは、〝カムターッホッ〟という道具《どうぐ》を考《かんが》え出《だ》し、効率《こうりつ》よくアザラシを捕《つか》まえています。

カムターッホッは、白《しろ》い布《ぬの》を張《は》った木枠《きわく》のような道《どう》具《ぐ》で、布《ぬの》に身《み》を屈《かが》め隠《かく》れながらアザラシに風下《かざしも》から近《ちか》づいて狩《か》りをします。白《しろ》い布《ぬの》のおかげで、雪《ゆき》や氷《こおり》の白《しろ》い景色《けしき》に隠《かく》れてアザラシから人間《にんげん》は見《み》えない

【答《こた》え27】

お店《みせ》で買《か》ったことはありませんが、猟師《りょうし》から直接《ちょくせつ》買《か》うと、1kgで200～250円《えん》だと思《おも》います。

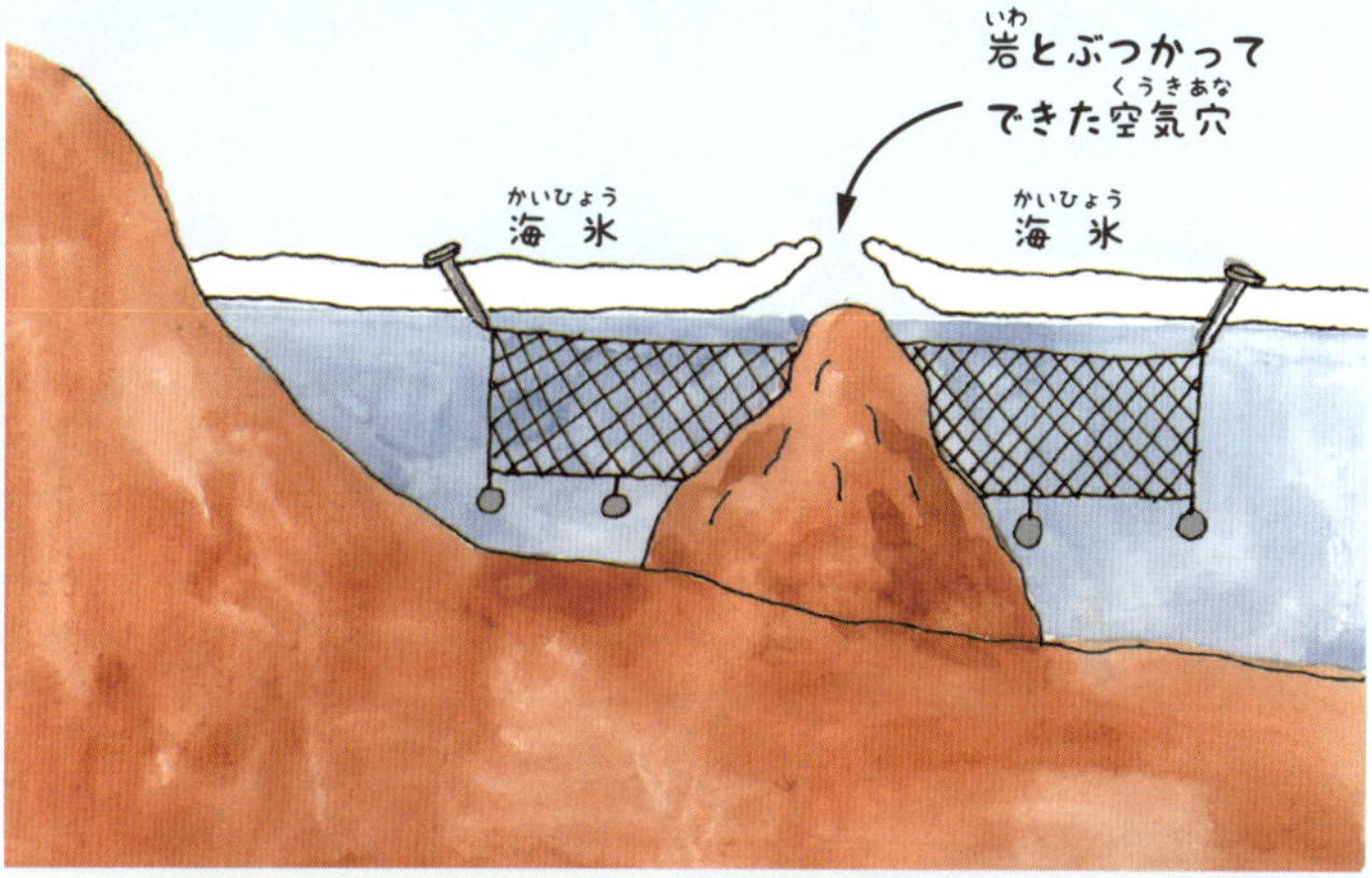

仕掛《しか》けは毎日見回《まいにちみまわ》りに行《い》きますが、獲《と》れる日《ひ》も獲《と》れない日《ひ》もあります。たまに2頭以上《とういじょう》がまとめて獲《と》れることもあります

のです。50〜100mまで近《ちか》づいたら布《ぬの》の真《ま》ん中《なか》に開《あ》けた穴《あな》から鉄砲《てっぽう》でアザラシを仕留《しと》めます。

また、海氷《かいひょう》の下《した》に網《あみ》を仕掛《しか》ける狩《か》りの方法《ほうほう》もあります。満月《まんげつ》と新月《しんげつ》の前後数日《ぜんごすうじつ》は、潮《しお》の干潮《かんちょう》で一日《いちにち》の間《あいだ》に海面《かいめん》が何《なん》メートルも大《おお》きく上下《じょうげ》します。このとき岩場《いわば》の上《うえ》にあった海氷《かいひょう》が、潮《しお》が引《ひ》いて海面《かいめん》が下《さ》がることで岩《いわ》の頂部《ちょうぶ》にぶつかり、割《わ》れてしまうのです。沿岸部《えんがんぶ》にはそういうポイントが幾《いく》つもあり、アザラシが息継《いきつ》ぎの穴《あな》として利用《りよう》しています。

イヌイットの人《ひと》たちはその習性《しゅうせい》を熟知《じゅくち》しており、アザラシの通《とお》り道《みち》となる岩礁《がんしょう》に、岸《きし》から垂直《すいちょく》になるように海氷《かいひょう》の下《した》に網《あみ》を仕掛《しか》け、アザラシを捕《つか》まえています。これは、網《あみ》がアザラシから見《み》えなくなる、極夜《きょくや》の時期《じき》だけの方法《ほうほう》です。

【質問《しつもん》28】

猟銃《りょうじゅう》で動物《どうぶつ》を狩《か》ったことはありますか？

魚釣《さかなつ》りはどんな風《ふう》にするの？

穴釣《あなづ》りを楽《たの》しむ少年《しょうねん》

大《おお》きく分《わ》けて二《ふた》つの方法《ほうほう》があります。

一《ひと》つは、「わかさぎ釣《つ》り」のように、海《うみ》の氷《こおり》に小《ちい》さな穴《あな》を空《あ》けてする魚釣《さかなつ》りです。北極《ほっきょく》の場合《ばあい》、１ｍ以上《いじょう》の厚《あつ》さの氷《こおり》に穴《あな》を空《あ》けるのは大変《たいへん》ですから、あちこちにある自然《しぜん》にできた氷《こおり》の亀裂《きれつ》に、直径《ちょっけい》30㎝くらいの穴《あな》を空《あ》けます。この穴釣《あなづ》りは、漁師《りょうし》が魚《さかな》を売《う》るためというよりは、地元《じもと》の住民《じゅうみん》が春先《はるさき》にレジャーで家《か》族《ぞく》と釣《つ》りを楽《たの》しむためにすることが多《おお》いようです。捕《つか》まえた魚《さかな》は、犬《いぬ》のエサになることもあります。

もう一《ひと》つは、グリーンランドで人気《にんき》のあるオヒョウ釣《つ》りです。オヒョウは、15年《ねん》で全長《ぜんちょう》１ｍを超《こ》えるカレイ科《か》の魚《さかな》です。

オヒョウ釣《つ》りは準備《じゅんび》が少《すこ》し大変《たいへん》です。なぜなら、一本《いっぽん》の釣《つ》り糸《いと》に五十本《ごじゅっぽん》～百本《ひゃっぽん》の釣《つ》り針《ばり》をつなげるか

【答《こた》え28】

ホッキョクグマに襲《おそ》われた時《とき》に、一度《いちど》だけ撃《う》ったことがあります。しかし外国人《がいこくじん》の僕《ぼく》が猟銃《りょうじゅう》で撃《う》つと、警察《けいさつ》で聴取《ちょうしゅ》を受《う》けたり、報告書《ほうこくしょ》を書《か》かされたりと大変《たいへん》でした。

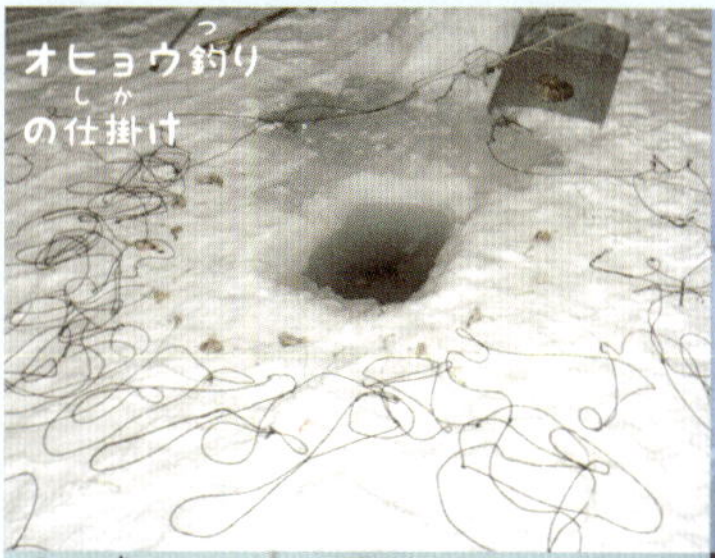
オヒョウ釣《つ》り
の仕掛《しか》け

穴《あな》をあけている様子《ようす》

釣《つ》り上《あ》げた
オヒョウ

オヒョウ釣《つ》り用《よう》のエサ

らです。まず、釣《つ》り糸《いと》のナイロンひもにおもりを取《と》り付《つ》けます。そして、おもりから数《すう》メートル離《はな》れたところから1・5m〜2・0mくらいの間隔《かんかく》で、釣《つ》り針《ばり》を五十本《ごじゅっぽん》〜百本《ひゃっぽん》ほど取《と》り付《つ》け、最後《さいご》におもり付《つ》きのトタン板《いた》をナイロンひもの先端《せんたん》につなげます。トタン板《いた》は自然《しぜん》にすいすいと、海水《かいすい》の中《なか》を流《なが》れながら、釣《つ》り針《ばり》がたくさん付《つ》いた仕掛《しか》けを、絡《から》むことなく海底《かいてい》まで運《はこ》んでくれます。ナイロンひもに取《と》り付《つ》けたおもりは、水中《すいちゅう》に釣《つ》り針《ばり》が浮《う》いた状態《じょうたい》にならないようにするためのものです。

いい釣《つ》り場《ば》に当《あ》たると、一回《いっかい》で数十匹《すうじゅっぴき》も釣《つ》れることもあります。たくさんとれたら地元《じもと》の漁業会社《ぎょぎょうがいしゃ》が買《か》い取《と》ってくれるそうです。オヒョウは、漁師《りょうし》の人《ひと》たちにとって、貴重《きちょう》な現金収入源《げんきんしゅうにゅうげん》なのです。

【質問《しつもん》29】

イッカクの角《つの》の長《なが》さって、どれくらいありますか？

クジラを狩《か》る方法《ほうほう》は？

クジラの肉《にく》は地元《じもと》の人《ひと》たちだけで食《た》べます

氷《こおり》が溶《と》けた夏《なつ》の北極《ほっきょく》の海《うみ》には、クジラが北上《ほくじょう》してきます。グリーンランド北西部《ほくせいぶ》でも、ザトウクジラ、ミンククジラ、イッカククジラ、シロイルカ（ベルーガ）などの姿《すがた》を見《み》ることができます。

イヌイットでは昔《むかし》から捕鯨《ほげい》が行《おこな》われており、現在《げんざい》も年間何頭《ねんかんなんとう》まで決《き》められた範囲内《はんいない》で獲《と》っています。

そして捕鯨《ほげい》には、昔《むかし》ながらのカヤックというボートを使《つか》っています。これは船《ふね》のエンジンの騒音《そうおん》でクジラがやって来《こ》なくなる可能性《かのうせい》があるため、エンジン付《つ》きの船《ふね》が使《つか》えない場所《ばしょ》が決《き》められているからです。

一《ひと》つのカヤックに乗《の》り込《こ》めるのは一人《ひとり》だけ。いくつかの船《ふね》がグループを組《く》むこともありますが、たった一人《ひとり》でクジラに接近《せっきん》し、モリを討《う》つこともあります。まさに危険《きけん》と隣《とな》り合《あ》わせの猟《りょう》です。

【答《こた》え29】

オスなら３ｍくらいまで伸《の》びます。この角《つの》は昔《むかし》、ヨーロッパではユニコーンの角《つの》として売買《ばいばい》され、毒消《どくけ》しの力《ちから》もあると信《しん》じられていました。

鳥《とり》はどうやって捕《つか》まえるの？

捕《つか》まえた鳥《とり》は
丈夫《じょうぶ》な袋《ふくろ》の中《なか》へ

北極《ほっきょく》の夏《なつ》の風物詩《ふうぶつし》に〝アッパリアス〟と呼《よ》ばれる黒《くろ》白《しろ》の羽《はね》を持《も》つ水鳥《みずどり》がいます。夏《なつ》になると大群《たいぐん》でやってきて、沿岸部《えんがんぶ》の岩《いわ》の斜面《しゃめん》で産卵《さんらん》します。実《じつ》はこのアッパリアス、イヌイットの人《ひと》たちにとって貴重《きちょう》な食糧《しょくりょう》の一《ひと》つで、捕《つか》まえ方《ほう》がとてもユニークです。

なんと水鳥《みずどり》を網《あみ》で捕《つか》まえるのです。網《あみ》は、直径《ちょっけい》60〜70㎝で、3mほどの棒《ぼう》の柄《え》が付《つ》いています。

岩色《いわいろ》に似《に》た洋服《ようふく》を着《き》て岩場《いわば》の影《かげ》に腰《こし》を下《お》ろしたら、大群《たいぐん》で飛《と》んで来《く》るところを、下《した》から上《うえ》にすくい上《あ》げるように網《あみ》を振《ふ》って捕《つか》まえます。それはまるでとんぼでも捕《つか》まえるかのような光景《こうけい》です。

斜面《しゃめん》のすれすれを旋回《せんかい》しながら、群《む》れで飛《と》んでいるので、3mほどの棒《ぼう》でも十分《じゅうぶん》に届《とど》きます。慣《な》れた方《かた》なら、数時間《すうじかん》で百羽以上《ひゃくわいじょう》も捕《つか》まえてしまいます。

【質問《しつもん》30】……………………………………

北極《ほっきょく》の犬《いぬ》も病気《びょうき》になったら動物病院《どうぶつびょういん》に行《い》くのですか？

北極《ほっきょく》の民話《みんわ》

アッパリアスが「隠《かく》れ上手《じょうず》」を網《あみ》で捕《つか》まえたはなし

その昔《むかし》、「隠《かく》れ上手《じょうず》（エッホッチッダッカッヒョ）」と呼《よ》ばれる男《おとこ》がいました。彼《かれ》は、岩《いわ》の間《あいだ》に上手《じょうず》に隠《かく》れて、網《あみ》でアッパリアスを捕《つか》まえる名人《めいじん》でした。

ある天候《てんこう》の荒《あ》れた日《ひ》、彼《かれ》は一人《ひとり》で狩場《かりば》へ行《い》きました。そこは息子《むすこ》にも教《おし》えていない秘密《ひみつ》の場所《ばしょ》でした。

じっと岩《いわ》に隠《かく》れて待《ま》っていると、アッパリアスたちが飛《と》んできました。一羽一羽《いちわいちわ》は小《ちい》さいのですが、あまりにもたくさんいるので、空《そら》に黒《くろ》い網《あみ》でもかけたような光景《こうけい》です。

彼《かれ》はいつものように網《あみ》を振《ふ》りました。すると、網《あみ》がぐいっと引《ひ》っ張《ぱ》られました。

「なんだ？どうしたんだ？」

気《き》づいたときにはもう、彼《かれ》は網《あみ》ごと空《そら》を飛《と》んでいました。アッパリアスの群《むれ》が網《あみ》となって、逆《ぎゃく》に彼《かれ》を捕《つか》まえたのです。

「助《たす》けてくれえ！」

アッパリアスは男《おとこ》を捕《つか》まえたまま、ぐんぐん飛《と》んでいきます。

彼《かれ》は、落《お》ちないように網《あみ》をしっかり持《も》ちながら叫《さけ》びました。その声《こえ》は家族《かぞく》のところにも届《とど》きましたが、狩場《かりば》を秘密《ひみつ》にしていたので、誰《だれ》も彼《かれ》を見《み》つけることができませんでした。それに、空《そら》から声《こえ》が聞《き》こえてきたので、家族《かぞく》は夢《ゆめ》だと思《おも》ったのです。

アッパリアスたちは、男《おとこ》を、海《うみ》の上《うえ》やら、岩《いわ》の上《うえ》やら連《つ》れまわし、最後《さいご》に岩場《いわば》の斜面《しゃめん》に落《お》としました。

彼《かれ》は、骨《ほね》を二《に》、三本《さんぼん》折《お》って、ぼろぼろになって家《いえ》に帰《かえ》りました。妻《つま》がびっくりして男《おとこ》に尋《たず》ねると、男《おとこ》は「アッパリアスが網《あみ》で俺《おれ》を捕《つか》まえたんだ」と、言《い》いました。

でも、妻《つま》だけでなく、誰《だれ》も男《おとこ》の言《い》う事《こと》を信《しん》じてくれませんでした。

男《おとこ》は悔《くや》しくて、次《つぎ》の日《ひ》もアッパリアスを捕《つか》まえにいきました。しかも今度《こんど》は息子《むすこ》も一緒《いっしょ》です。秘密《ひみつ》の狩場《かりば》がわからないように、息子《むすこ》を連《つ》れて行《い》くときは、目隠《めかく》しをさせました。

秘密《ひみつ》の狩場《かりば》に着《つ》くと彼《かれ》は、息子《むすこ》の目隠《めかく》しを外《はず》して言《い》いました。

「ポケットに石《いし》を詰《つ》め込《こ》んで、体《からだ》を重《おも》くするんだ。アッパリアスにさらわれないようにな」

息子《むすこ》は父親《ちちおや》の言《い》うとおりにしました。おかげで今度《こんど》は、ふたりで上手《じょうず》にアッパリアスを捕《つか》まえることができました。

昔《むかし》からの交通手段《こうつうしゅだん》で、現在《げんざい》も僕《ぼく》が移動《いどう》に使《つか》っている犬《いぬ》ぞりを紹介《しょうかい》します。

7 犬《いぬ》ぞりの話《はなし》

北極《ほっきょく》の犬《いぬ》ぞりはどんなものなの？

メス犬《いぬ》がリーダーだとまとまりがいいチームになります

その名《な》の通《とお》り、そりに乗《の》った人間《にんげん》を犬《いぬ》が引《ひ》っ張《ぱ》って移動《いどう》する乗《の》り物《もの》で、イヌイットの代表的《だいひょうてき》な文化《ぶんか》として知《し》られています。もちろん犬《いぬ》1頭《とう》では力不足《ちからぶそく》のため、十数頭《じゅうすうとう》で一《ひと》つの犬《いぬ》ぞりチームを組《く》むことが多《おお》いです。まさに排気《はいき》ガスを出《だ》さない〝究極《きゅうきょく》のエコカー〟と呼《よ》んでもいいと思《おも》います。

現在《げんざい》、犬《いぬ》ぞりには、アラスカやカナダ北極地方《ほっきょくちほう》で盛《さか》んな〝犬《いぬ》ぞりレース〟と、先住民《せんじゅうみん》が生活《せいかつ》の交通手段《こうつうしゅだん》として利用《りよう》してきた〝元祖犬《がんそいぬ》ぞり〟の2種類《しゅるい》の使《つか》われ方《かた》があります。アラスカやカナダ北極地方《ほっきょくちほう》では、時代《じだい》の流《なが》れと共《とも》に早《はや》くから先住民族《せんじゅうみんぞく》の犬《いぬ》ぞり文化《ぶんか》が衰退《すいたい》してしまいました。しかしグリーンランド北《ほく》西部地方《せいぶちほう》では、いまだに生活《せいかつ》の交通手段《こうつうしゅだん》として、犬《いぬ》ぞりを利用《りよう》しています。

【答《こた》え30】

獣医《じゅうい》さんと電話《でんわ》やネットで話《はなし》をして、遠《とお》くから診察《しんさつ》してもらうことが多《おお》いです。犬《いぬ》はたくさんいるのに獣医《じゅうい》は北極全部《ほっきょくぜんぶ》でも何人《なんにん》かしかいないので困《こま》りものです。

犬《いぬ》ぞり警備隊《けいびたい》「シリウス」

さらにグリーンランドには、世界《せかい》で唯一《ゆいいつ》の犬《いぬ》ぞり警《けい》備隊《びたい》があります。その名《な》は〝シリウス〟。12名《めい》の人間《にんげん》と約《やく》90頭《とう》のそり犬《いぬ》の6チームで構成《こうせい》されており、グリーンランド北東部《ほくとうぶ》にある国立公園沿《こくりつこうえんえん》岸《がん》の無人地帯《むじんちたい》を警備《けいび》しています。彼《かれ》らは世界一大変《せかいいちたいへん》な〝犬《いぬ》のおまわりさん〟と言《い》えるかもしれません。

犬《いぬ》ぞりの走《はし》るスピードは、雪《ゆき》の深《ふか》さやそりに積《つ》む荷《に》物《もつ》の重《おも》さなどにも大《おお》きく左右《さゆう》されます。雪《ゆき》がそんなに積《つ》もっていない状態《じょうたい》で、大人一名《おとないちめい》と１５０〜２００kgの平均的《へいきんてき》な荷物《にもつ》を積《つ》んだ条件《じょうけん》で、時速《じそく》10kmほどです。このスピードは、私《わたし》たちが自転車《じてんしゃ》でのんびりと走《はし》るスピードと同《おな》じくらいです。

【質問《しつもん》31】……………………………………………………

犬《いぬ》ぞりの犬《いぬ》は、どこで手《て》に入《い》れるのですか？

そりをひいているのは ハスキー犬《けん》だけなの？

グリーンランドでは純粋《じゅんすい》なイヌイット犬《いぬ》のみ

見《み》た目《め》はシベリアン・ハスキーにそっくりの犬《いぬ》も多《おお》くいますが違《ちが》います。

そりひき犬《いぬ》の種類《しゅるい》は地域《ちいき》によって違《ちが》い、マラミュートやサモエドなどの犬種《けんしゅ》がそりをひく地域《ちいき》もあります。またアラスカやカナダ北極地方《ほっきょくちほう》では、アラスカン・ハスキーが数多《かずおお》く活躍《かつやく》しています。アラスカン・ハスキーは、イヌイット犬《いぬ》と他《ほか》の犬《いぬ》との雑種《ざっしゅ》です。残念《ざんねん》ながら現在《げんざい》のアラスカには、純粋《じゅんすい》なイヌイット犬《いぬ》は存在《そんざい》しません。しかしグリーンランドには、〝グリーンランド・ドッグ〟という純粋《じゅんすい》なイヌイット犬《いぬ》が残《のこ》っています。これは、外国《がいこく》からの犬《いぬ》の持《も》ち込《こ》みがグリーンランドでは法律《ほうりつ》で禁止《きんし》されているからです。グリーンランド・ドッグは、日本《にほん》の秋《あき》田犬《たいぬ》と、見《み》た目《め》も大《おお》きさもよく似《に》ています。

【答《こた》え31】

最初《さいしょ》は先住民《せんじゅうみん》の人《ひと》たちから買《か》い取《と》りました。そのあとはメス犬《いぬ》が産《う》んでくれた子犬《こいぬ》から育《そだ》てています。

北極《ほっきょく》での人《ひと》と犬《いぬ》のかかわり方《かた》は？

子犬《こいぬ》と遊《あそ》ぶ子供《こども》

犬《いぬ》ぞりは、自分《じぶん》の命《いのち》を犬《いぬ》に預《あず》けることと同《おな》じですので、犬《いぬ》をペットのように甘《あま》やかしたりはしません。また、狩《か》りのときは犬《いぬ》たちが獲物《えもの》を見《み》つける役割《やくわり》をするため、人《ひと》と犬《いぬ》との関係《かんけい》が大切《たいせつ》になります。子犬《こいぬ》の頃《ころ》は、子《こ》どもたちが遊《あそ》び相手《あいて》をしている光景《こうけい》を見《み》かけますが、そりひき犬《いぬ》としての訓練《くんれん》が始《はじ》まると、一線《いっせん》をひいて犬《いぬ》たちと接《せっ》するようになります。

そもそもイヌイットには、生《い》きものをペットとして飼《か》う文化《ぶんか》はありませんでした。しかし最近《さいきん》は外国《がいこく》からやってきた生《い》きものを、ペットとして飼《か》う家庭《かてい》も増《ふ》えています。ペットショップはありませんが、外《がい》国《こく》を訪《おとず》れたときに持《も》ち帰《かえ》ってくるようです。

僕《ぼく》は北極《ほっきょく》の高緯度地方《こういどちほう》で、猫《ねこ》、ハムスター、金魚《きんぎょ》、亀《かめ》などを飼《か》っている家庭《かてい》を知《し》っています。

【質問《しつもん》32】

犬《いぬ》の寿命《じゅみょう》は何歳《なんさい》くらいですか？

犬《いぬ》ぞり用《よう》のそりって どんな形《かたち》なの？

そりの大《おお》きさは使《つか》い道《みち》によって大小《だいしょう》さまざま

犬《いぬ》ぞり用《よう》のそりはシンプルで、二枚《にまい》のランナー板《いた》の底《そこ》に樹脂《じゅし》プレートを取《と》り付《つ》けることで、路面《ろめん》に面《めん》で接《せっ》するようにできています。材質《ざいしつ》は輸入《ゆにゅう》した木《き》がほとんどですが、昔《むかし》は流木《りゅうぼく》や動物《どうぶつ》の骨《ほね》などを動物《どうぶつ》の革《かわ》で作《つく》った紐《ひも》でつなぎあわせて使《つか》っていたそうです。

また、犬《いぬ》ぞり用《よう》のそりは乗《の》り手《て》がすべて作《つく》ります。僕《ぼく》もイヌイットの人《ひと》たちから作《つく》り方《かた》を教《おそ》わり、自分《じぶん》で製作《せいさく》しています。そりを作《つく》るときの注意点《ちゅういてん》は、材木《ざいもく》が衝撃《しょうげき》で割《わ》れないようにすること。金属《きんぞく》のプレートで板《いた》を部分的《ぶぶんてき》に補強《ほきょう》したり、釘《くぎ》を使《つか》わず細紐《ほそひも》で固定《こてい》したりして、衝撃《しょうげき》を吸収《きゅうしゅう》する工夫《くふう》をしています。

大《おお》きさは使《つか》い道《みち》で異《こと》なりますが、十数頭《じゅうすうとう》の犬《いぬ》で引《ひ》っ張《ぱ》る平均的《へいきんてき》なサイズだと、長《なが》さ4m、横幅《よこはば》1m、高《たか》さ20㎝ほどで、百数十《ひゃくすうじゅっ》キロくらいの重《おも》さになります。

【答《こた》え32】

8歳《さい》か9歳《さい》くらいで犬《いぬ》ぞりを引退《いんたい》し、その後《あと》は厳《きび》しい冬《ふゆ》を越《こ》すことが出来《でき》ず、亡《な》くなるケースが殆《ほとん》どです。中《なか》には十数歳《じゅうすうさい》まで走《はし》れる強《つよ》い犬《いぬ》もいます。

そりをひく犬《いぬ》はどうやって育《そだ》てているの？

生後《せいご》2か月頃《げつごろ》の子犬《こいぬ》

産《う》まれたのが冬《ふゆ》なら家《いえ》の中《なか》で育《そだ》てますが、夏《なつ》なら生《う》まれた直後《ちょくご》から家《いえ》の外《そと》で育《そだ》てます。冬《ふゆ》でも、母犬《ははいぬ》のお乳《ちち》を飲《の》む期間《きかん》が終《お》わると、家《いえ》の外《そと》で過《す》ごします。

そり犬《いぬ》としてのレッスンは、早《はや》い飼《か》い主《ぬし》だと生後《せいご》3か月頃《げつごろ》から、母犬《ははいぬ》と一緒《いっしょ》に走《はし》る練習《れんしゅう》から始《はじ》めます。僕《ぼく》も生後《せいご》3か月《げつ》を過《す》ぎた頃《ころ》から、レッスンを始《はじ》めています。といっても最初《さいしょ》はそりにはつなげず、ただ走《はし》らせるだけです。そりをひくのは体格《たいかく》が成犬《せいけん》並《な》みに大《おお》きくなってからになります。

犬《いぬ》ぞりチームに加《くわ》わってからも、初《はじ》めのころは最後《さいご》まで走《はし》り切《き》れずにばててしまうことがあります。そんなときは、犬《いぬ》ぞりにのせてもらって、家《いえ》まで帰《かえ》ることになります。先輩犬《せんぱいいぬ》がひくそりに後輩犬《こうはいいぬ》が乗《の》る、ということになります。

【質問《しつもん》33】

犬同士《いぬどうし》の相性《あいしょう》はあるのですか？

そりをひく犬《いぬ》って どれくらい力《ちから》持《も》ちなの？

100kgの荷物《にもつ》なら1頭《とう》で運《はこ》べます

そり犬《いぬ》は、オスの成犬《せいけん》だと体重《たいじゅう》が40kg以上《いじょう》もあります。そんな体格《たいかく》の犬《いぬ》が、時《とき》には1000kgもある獲物《えもの》をそりに積《つ》み込《こ》んで運《はこ》ぶこともあるのです。

1頭《とう》の犬《いぬ》が、どれくらいの重《おも》さまでそりに積《つ》んで引《ひ》っ張《ぱ》れるのか、実験《じっけん》したことがあります。その時《とき》はオス犬《いぬ》1頭《とう》が、1袋《ふくろ》20kgのドッグフードを5袋《ふくろ》、小《ち》さなそりに積《つ》んで引《ひ》っ張《ぱ》ることが出来《でき》ました。

犬《いぬ》ぞりでは、仕事《しごと》の内容《ないよう》によって、走《はし》らせる犬《いぬ》の数《かず》を調節《ちょうせつ》します。例《たと》えば、短《みじか》い距離《きょり》を数時間《すうじかん》しか走《はし》らせない時《とき》には、4～6頭《とう》の少数《しょうすう》で移動《いどう》することもあります。7時間《じかん》も8時間《じかん》も重《おも》い荷物《にもつ》をそりに積《つ》んで、長距離《ちょうきょり》を走《はし》る時《とき》は、10頭以上《とういじょう》の犬《いぬ》がそりをひきます。その時《とき》の仕事《しごと》の内容《ないよう》や犬《いぬ》ぞりを操《あやつ》る人《ひと》の感覚《かんかく》で決《き》めることが多《おお》いです。

【答《こた》え33】

あります。仲《なか》のいい犬同士《いぬどうし》が横《よこ》に並《なら》んで走《はし》ったり、遊《あそ》んだり。相性《あいしょう》が悪《わる》い犬同士《いぬどうし》は、しょっちゅうケンカをしています。

犬《いぬ》たちとそりは どんな胴《どう》バンドでつなげるの？

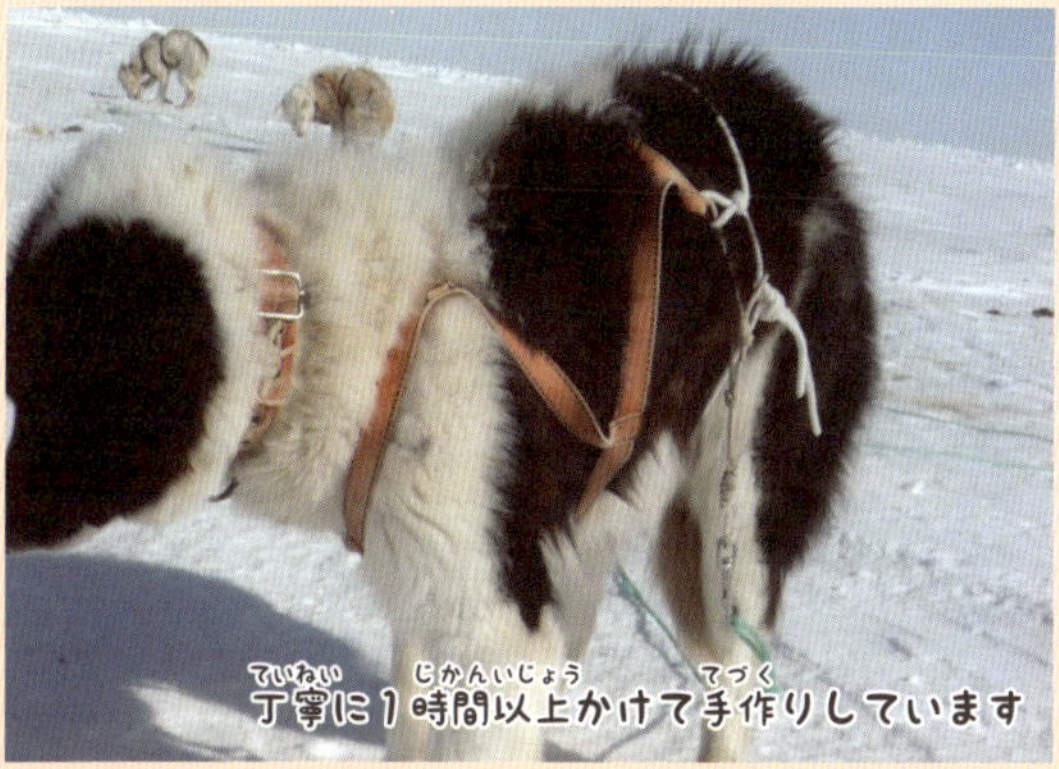

丁寧《ていねい》に1時間以上《じかんいじょう》かけて手作《てづく》りしています

日本《にほん》でも見《み》かける盲導犬《もうどうけん》たちにする胴《どう》バンド（ハーネス）に似《に》ています。

昔《むかし》はアザラシの革《かわ》を、太《ふと》さ3〜4㎝の帯状《おびじょう》に切《き》って製作《せいさく》していたので、お腹《なか》の空《す》いた犬《いぬ》たちが胴《どう》バンドを食《た》べてしまうことがよくあったそうです。

近年《きんねん》では繊維《せんい》で作《つく》られた帯《おび》を利用《りよう》していますが、今《いま》も昔《むかし》も、それぞれの犬《いぬ》の大《おお》きさに合《あ》わせて自分《じぶん》で一《ひと》つずつ手作《てづく》りするのは同《おな》じです。

余談《よだん》ですが、日本《にほん》で暮《く》らす妻《つま》に、アザラシの革《かわ》の手《て》袋《ぶくろ》をプレゼントしたことがあります。アザラシの革《かわ》はシールと呼《よ》ばれ、日本《にほん》でも高級品《こうきゅうひん》なのですが、うっかり机《つくえ》の上《うえ》に置《お》いたままにしたら、家《いえ》の中《なか》で飼《か》っていた3頭《とう》のゴールデンレトリバーに食《た》べられてしまいました。どの犬《いぬ》もアザラシの革《かわ》は好《す》きみたいです。

【質問《しつもん》34】
移動中《いどうちゅう》にそりが壊《こわ》れて困《こま》ってしまったことはありますか？

犬《いぬ》の隊列《たいれつ》は どのように作《つく》るの？

アラスカ地方《ちほう》の犬《いぬ》ぞりの並《なら》び方《かた》

犬《いぬ》ぞりの隊列《たいれつ》は、地域《ちいき》によって特徴《とくちょう》があります。グリーンランドとカナダ北極地方《ほっきょくちほう》では、犬《いぬ》たちを扇《おうぎ》形《がた》につなぎます。この扇形隊列《おうぎがたたいれつ》の犬《いぬ》ぞりは、全体《ぜんたい》が一《ひと》つの塊《かたまり》となり、コンパクトにまとまります。広《ひろ》い氷原《ひょうげん》で、獲物《えもの》を追《お》いかける時《とき》に小回《こまわ》りが利《き》きます。アラスカ地方《ちほう》は2列縦隊《れつじゅうたい》の隊列《たいれつ》が主流《しゅりゅう》です。アラスカには森林《しんりん》があるため、木々《きぎ》の間《あいだ》をすり抜《ぬ》けながら進《すす》むには、縦《たて》に長《なが》い隊列《たいれつ》が適《てき》しているのです。

僕《ぼく》はグリーンランドスタイルの犬《いぬ》ぞりを特技《とくぎ》としています。一日《いちにち》で7〜8時間《じかん》走《はし》るのは当《あ》たり前《まえ》。もちろん1〜2時間《じかん》おきに犬《いぬ》ぞりを止《と》めて休憩《きゅうけい》しながら走《はし》ります。扇形隊列《おうぎがたたいれつ》では、犬同士《いぬどうし》が走《はし》っているうちに左右《さゆう》で入《い》れ替《か》わり、ひもがからまってしまうため、休憩時《きゅうけいじ》にほぐしてあげる必要《ひつよう》もあるのです。

【答《こた》え34】

氷《こおり》の凸凹《でこぼこ》を走《はし》っている時《とき》に壊《こわ》れることはあります。そんなときは、いまあるものを組《く》み合《あ》わせて応急手当《おうきゅうてあて》をして、とりあえず走《はし》れるようにします。

そりで走《はし》っているとき 犬《いぬ》のトイレはどうしているの？

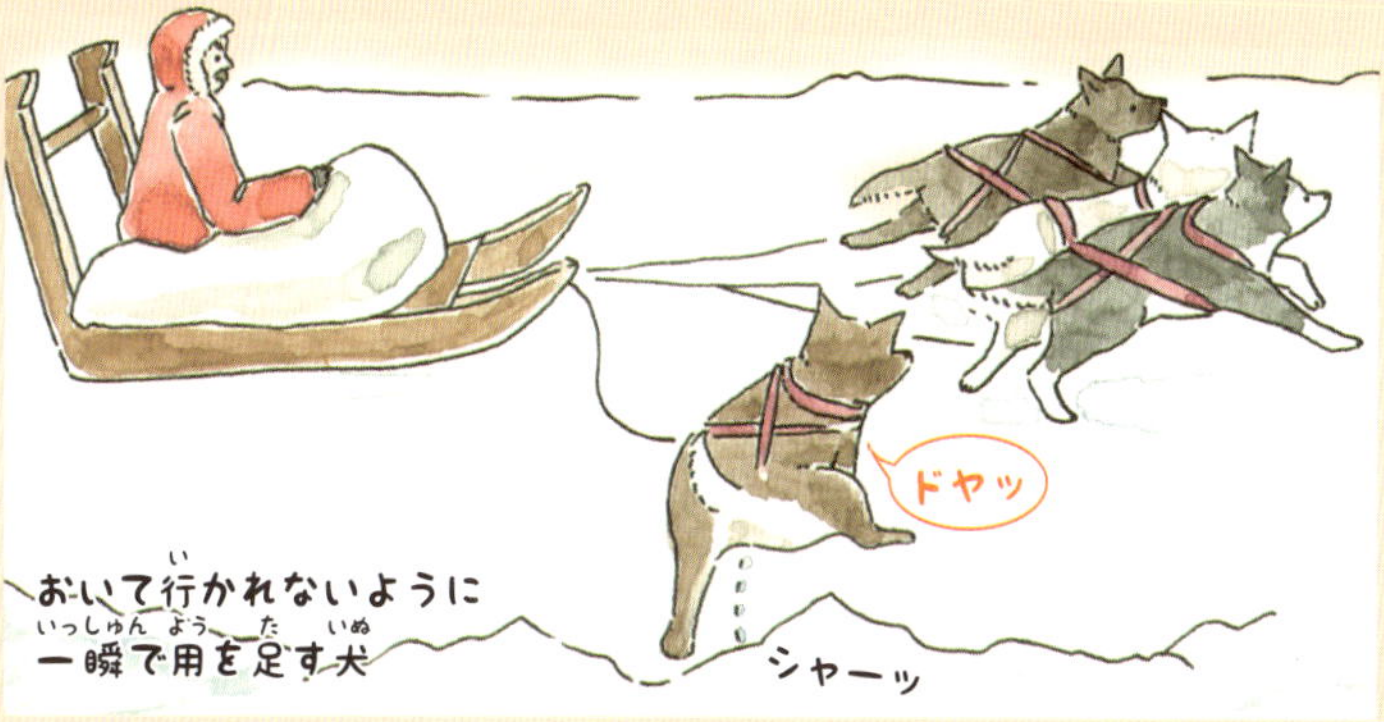
ドヤッ
おいて行《い》かれないように
一瞬《いっしゅん》で用《よう》を足《た》す犬《いぬ》
シャーッ

日本《にほん》にいる犬《いぬ》は、散歩《さんぽ》の途中《とちゅう》に立《た》ち止《ど》まってトイレをしますが、そりをひく犬《いぬ》たちは、必《かなら》ずしも止《と》まっている時《とき》にトイレをするわけではなく、何故《なぜ》か走《はし》りながらオシッコやウンコをするのが大好《だいす》きみたいです。

そもそも走行中《そうこうちゅう》にぼんやり立《た》ち止《ど》まってトイレをしたら、胴《どう》バンドがそりと繋《つな》がっているため、引《ひ》きずられてしまいます。そのため犬《いぬ》たちは、1秒《びょう》、2秒《びょう》と瞬間的《しゅんかんてき》に立《た》ち止《ど》まり、素早《すばや》くトイレを済《す》ませています。オス犬《いぬ》は、マーキングをするかのように氷《こおり》の出《で》っ張《ぱ》りにオシッコをひっかけることもしばしば。

「器用《きよう》だなあ」と感心《かんしん》しつつも、「走《はし》っていない時《とき》にすればいいのに……」と思《おも》ってしまいます。

余談《よだん》ですが、犬《いぬ》たちは人間《にんげん》の排泄物《はいせつぶつ》が大好物《だいこうぶつ》できれいに食《た》べてくれます。すごいリサイクルなのかも?!

【質問《しつもん》35】

日本生《にほんう》まれの犬《いぬ》も訓練《くんれん》したら、そりがひけるようになると思《おも》いますか？

どうやって犬《いぬ》たちに指示《しじ》を出《だ》すの？

7～8mもあるムチを操《あやつ》るのは難《むずか》しく、時《とき》にはほっぺたに当《あ》たりみみずばれになってしまうことも！

イヌイット語《ご》の号令《ごうれい》があります。地方《ちほう》によって違《ちが》いますが、グリーンランド北西部地方《ほくせいぶちほう》の基本的《きほんてき》な号令《ごうれい》を挙《あ》げてみます。

右《みぎ》へ行《い》け「アッチョッ」
左《ひだり》へ行《い》け「ハゴッ」
止《と》まれ「アイ」
行《い》け「テーマ」
強《つよ》く引《ひ》け「ハック」
動《うご》くな「アウリッチッ」
頑張《がんば》れ！「ナゴナッ」

合図《あいず》だけでなく〝ムチ〟も使《つか》います。これはアザラシの皮《かわ》を7～8mの長《なが》さに切《き》ったもので、根元《ねもと》の幅《はば》は1㎝、厚《あつ》さ4～5㎜、先端《せんたん》に行《い》くほど細《ほそ》くなり、先端《せんたん》は直径《ちょっけい》1～2㎜です。この革《かわ》ひもを60～70㎝の

【答《かた》え35】
ハスキー犬《けん》のようにそりひきに向《む》いている犬種《けんしゅ》ならできると思《おも》います。チワワやミニチュアダックスフンドは無理《むり》ですね。

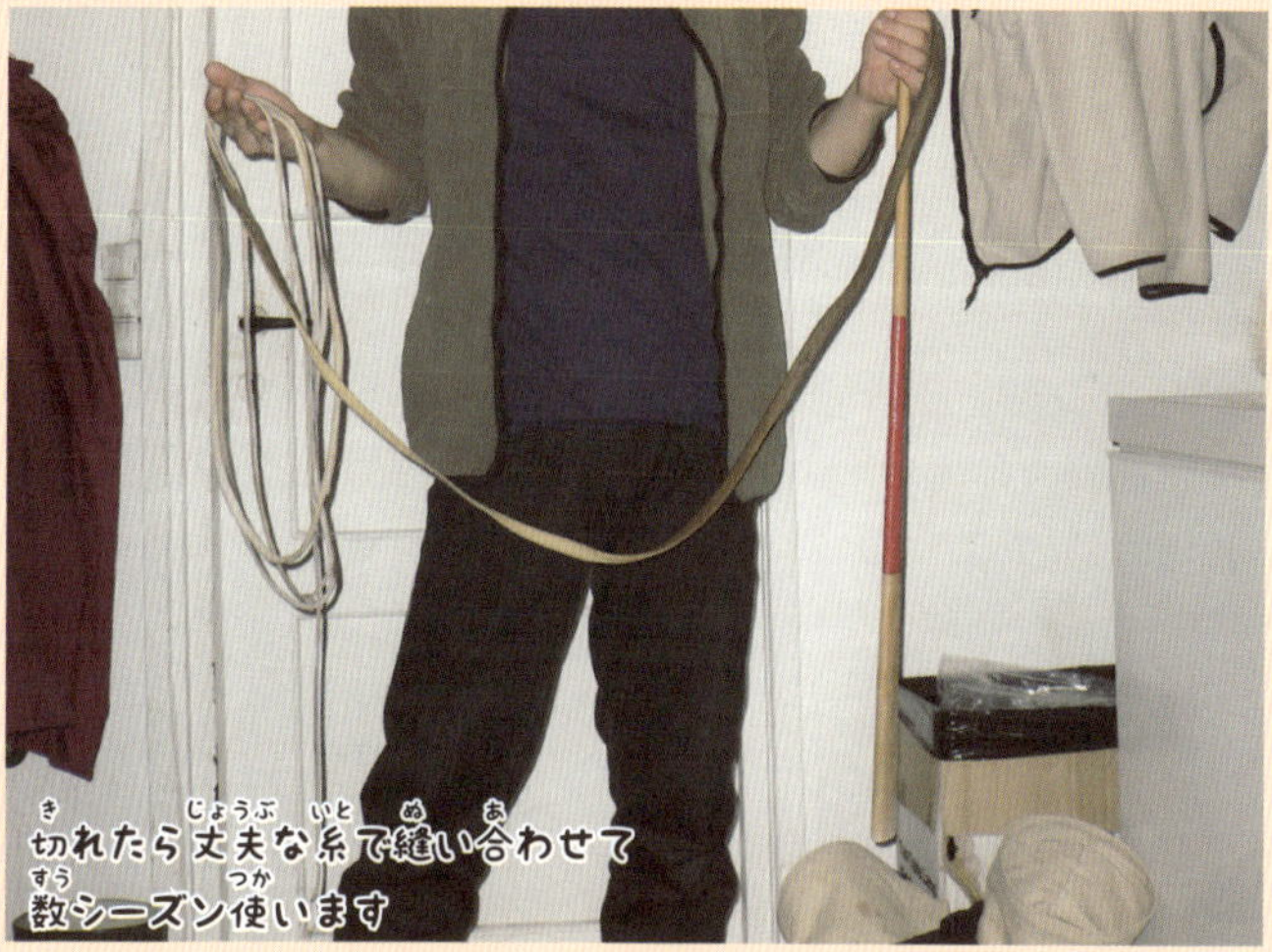

切《き》れたら丈夫《じょうぶ》な糸《いと》で縫《ぬ》い合《あ》わせて
数《すう》シーズン使《つか》います

木《き》の棒《ぼう》に取《と》り付《つ》けて使《つか》います。

しかしムチは、犬《いぬ》を叩《たた》くためのものではありません。左《ひだり》に誘導《ゆうどう》したい時《とき》は「ハゴッ、ハゴッ」と合図《あいず》を掛《か》けながら、そりの上《うえ》から犬《いぬ》たちが走《はし》っている右側《みぎがわ》の雪面《せつめん》を叩《たた》くのです。犬《いぬ》たちは合図《あいず》と雪面《せつめん》が叩《たた》かれる音《おと》に反応《はんのう》して、左《ひだり》へと進路《しんろ》を変《か》えていきます。

デビューしたての犬《いぬ》は合図《あいず》がわからないため、他《ほか》のベテラン犬《けん》たちに合《あ》わせて、右《みぎ》に行《い》ったり左《ひだり》に行《い》ったりします。歳《とし》を重《かさ》ねるごとに合図《あいず》を覚《おぼ》えていくのです。そのため犬《いぬ》ぞりでは、若《わか》い犬《いぬ》は必《かなら》ずベテラン犬《けん》と同《おな》じチームにします。また、走《はし》っている最中《さいちゅう》は、犬《いぬ》たちに声《こえ》をかけてリズムを作《つく》ってやります。僕《ぼく》の場合《ばあい》はイヌイット語《ご》だったり、日本語《にほんご》だったり、犬《いぬ》のために歌《うた》ってやることもあります。

【質問《しつもん》36】

どうして犬《いぬ》ぞりの犬《いぬ》たちは家《いえ》から離《はな》れたところで飼《か》われているのですか？

そりをひく犬《いぬ》たちは家《いえ》の中《なか》で暮《く》らしているの？

犬《いぬ》たちは、子犬《こいぬ》を産《う》むときや病気《びょうき》のとき以外《いがい》は家《いえ》の外《そと》で飼《か》われています。

外気温《がいきおん》がマイナス30℃《ど》や40℃《ど》と冷《ひ》え込《こ》んだり、強烈《きょうれつ》なブリザードに吹《ふ》かれたとしても、家《いえ》の中《なか》に入《い》れてもらえるわけではありません。

それでも北極《ほっきょく》の犬《いぬ》たちは寒《さむ》さに耐《た》えることができるのです。もちろん体《からだ》のエネルギーを保《たも》つために、エサはしっかりと食《た》べさせています。と言《い》ってもそりをひくための犬《いぬ》なので、太《ふと》り過《す》ぎないように気《き》をつけて与《あた》えすぎには注意《ちゅうい》しています。

一般的《いっぱんてき》に猟師《りょうし》の人《ひと》たちは、セイウチやアザラシといった獲物《えもの》の肉《にく》を犬《いぬ》のエサとして与《あた》えています。また、高《こう》カロリーのそりひき犬用《けんよう》のドッグフードもお店《みせ》で買《か》えます。僕《ぼく》は外国人《がいこくじん》で、犬《いぬ》たちに十分《じゅうぶん》なほど

【答《こた》え36】……………………………………

犬《いぬ》ぞりの場合《ばあい》、何十頭《なんじゅっとう》という犬《いぬ》がいるため、家《いえ》の近《ちか》くでは場所《ばしょ》が足《た》りないのです。犬《いぬ》ぞりを出《だ》しやすい浜辺《はまべ》に繋《つな》ぐことが多《おお》いです。

住居《じゅうきょ》の周《まわ》りにはつなぐ場所《ばしょ》が少《すく》なく、
離《はな》れた広《ひろ》いところにつなぐのが一般的《いっぱんてき》

の獲物《えもの》をとることが許可《きょか》されていないため、ドッグフードを利用《りよう》することが多《おお》いです。

また、日本《にほん》では犬小屋《いぬごや》は家《いえ》の窓《まど》からすぐ見《み》えるような近《ちか》い場所《ばしょ》にありますが、北極《ほっきょく》では家《いえ》の近《ちか》くにつなげるところはなく、犬《いぬ》たちのいるところまで数百《すうひゃく》メートルも離《はな》れていることが普通《ふつう》です。

吹雪《ふぶき》のときなどは、エサを届《とど》けるまでに迷《まよ》ったり、ホッキョクグマに出《で》くわしたりしないかなど、「怖《こわ》いなあ」と思《おも》うこともあります。

外《そと》で暮《く》らしているため、吹雪《ふぶき》のときは犬《いぬ》たちが雪《ゆき》に埋《う》もれてしまうこともあります。自分《じぶん》で出《で》られるはずなのに、雪《ゆき》に埋《う》もれているほうが暖《あたた》かいのか、僕《ぼく》が掘《ほ》り起《お》こしてやるまで雪《ゆき》の中《なか》から出《で》る気《き》のない犬《いぬ》もいます。

【質問《しつもん》37】

犬《いぬ》たちは、はだしで足《あし》が冷《つめ》たくないのですか？

極寒《ごっかん》で暮《く》らす北極《ほっきょく》の人《ひと》たちと日本人《にほんじん》の
生活《せいかつ》はどれだけ違《ちが》うのでしょうか。
現代《げんだい》の暮《く》らしを覗《のぞ》いてみましょう。

8 北極《ほっきょく》の現代《げんだい》の暮《く》らし

どんな家《いえ》に住《す》んでいるの？

今《いま》では材木《ざいもく》も船《ふね》で輸入《ゆにゅう》されてくるため、資格《しかく》を持《も》った大工《だいく》によって木造住宅《もくぞうじゅうたく》が建《た》てられています。
壁《かべ》は二重《にじゅう》のベニヤ板《いた》に保温材《ほおんざい》を挟《はさ》んだ構造《こうぞう》で、玄関《げんかん》の前《まえ》には前室《ぜんしつ》があります。外《そと》から家《いえ》に入《はい》るときは、まずは前室《ぜんしつ》のドアを開《あ》けて中《なか》に入《はい》ります。次《つぎ》に前室《ぜんしつ》のドアを閉《し》めてから前室《ぜんしつ》の中《なか》にある玄関《げんかん》のドアを開《あ》けて、部屋《へや》の中《なか》に入《はい》ります。これは冷《つめ》たい外気《がいき》が部《へ》屋《や》の中《なか》に入《はい》るのを防《ふせ》ぐための工夫《くふう》で、一般的《いっぱんてき》には二《に》重《じゅう》ドアと呼《よ》ばれています。日本《にほん》でも東北《とうほく》や北海道《ほっかいどう》などでは、二重《にじゅう》ドアが使《つか》われている家《いえ》があります。
また、日本《にほん》なら10年《ねん》も持《も》たなそうなシンプルな家《いえ》が、40年以上《ねんいじょう》も平気《へいき》で建《た》っています。これは北極《ほっきょく》には大《おお》きな地震《じしん》もなく、気候《きこう》も一年中乾燥《いちねんじゅうかんそう》しており、木材《もくざい》が腐《くさ》りにくく長持《ながも》ちするためだと思《おも》います。

【答《こた》え37】

大丈夫《だいじょうぶ》みたいです。足《あし》の裏《うら》の毛《け》が伸《の》びすぎると雪《ゆき》が絡《から》みついて走《はし》りにくいので、わざわざ毛《け》をカットしてやることもあります。

どんな宗教《しゅうきょう》を信《しん》じているの？

一口《ひとくち》にイヌイットと言《い》っても、住《す》んでいる場所《ばしょ》で国籍《こくせき》は違《ちが》いますが、今《いま》では各地域《かくちいき》で、キリスト教《きょう》が広《ひろ》まっているようです。

キリスト教《きょう》の信者《しんじゃ》はある年齢《ねんれい》になると堅信礼《けんしんれい》という儀式《ぎしき》を受《う》けますが、いやがる人《ひと》はほとんどいないようです。結婚式《けっこんしき》やお葬式《そうしき》なども、キリスト教《きょう》のスタイルで行《おこな》われています。

しかし僕《ぼく》が見《み》る限《かぎ》り、普段《ふだん》の生活《せいかつ》では日曜日《にちようび》に熱心《ねっしん》に教会《きょうかい》に行《い》くというよりは、狩猟《しゅりょう》や魚釣《さかなつ》りのほうを重視《じゅうし》しているようです。また、キリスト教《きょう》を信《しん》じるようになった今《いま》でも、先祖《せんぞ》からの言《い》い伝《つた》えや伝承《でんしょう》を、とても大切《たいせつ》にしています。

お葬式《そうしき》や初詣《はつもうで》のときだけお寺《てら》や神社《じんじゃ》に行《い》く日本人《にほんじん》の宗教観《しゅうきょうかん》に近《ちか》いところがあるのかもしれません。

【質問《しつもん》38】

犬《いぬ》ぞりを乗《の》りこなすようになるには、訓練《くんれん》にどれくらいの時間《じかん》がかかるのですか？

学校《がっこう》はあるの？

シオラパルク村《むら》の小学校《しょうがっこう》

学校《がっこう》はあります。ただし小《ちい》さな村《むら》には小学校《しょうがっこう》までしかありません。

グリーンランドの場合《ばあい》、地元《じもと》の先生《せんせい》もいますが、親《しん》交《こう》の深《ふか》いデンマークから先生《せんせい》が派遣《はけん》されることもあります。小学校《しょうがっこう》は6歳《さい》から11歳《さい》までが対象《たいしょう》で、最北《さいほく》のシオラパルク村《むら》の場合《ばあい》、初級《しょきゅう》クラス（グレード1～3）、中級《ちゅうきゅう》クラス（グレード4～7）、上級《じょうきゅう》クラス（グレード8～9）の3クラスに分《わ》かれています。

国語《こくご》は、第一《だいいち》母国語《ぼこくご》のグリーンランド標準語《ひょうじゅんご》のほか、第二言語《だいにげんご》にデンマーク語《ご》、第三言語《だいさんげんご》に英語《えいご》を学《まな》びます。また伝統文化《でんとうぶんか》を学《まな》ぶ授業《じゅぎょう》もあり、女《おんな》の子《こ》はアザラシの毛皮《けがわ》を処理《しょり》する（なめす）授業《じゅぎょう》や毛皮《けがわ》の衣服《いふく》を作《つく》る授業《じゅぎょう》、男《おとこ》の子《こ》は犬《いぬ》ぞり技術《ぎじゅつ》や狩猟《しゅりょう》などの野外授業《やがいじゅぎょう》もあります。

【答《こた》え38】……………………………………

僕《ぼく》の場合《ばあい》ですが、ひと冬《ふゆ》で何《なん》とか13頭《とう》ほどの犬《いぬ》たちを操《あやつ》れるようになりました。

授業《じゅぎょう》の様子《ようす》

シオラパルク村《むら》では2018年《ねん》現在《げんざい》、人口《じんこう》40数人《すうにん》に対《たい》し生徒数《せいとすう》は5名《めい》です。年齢《ねんれい》に応《おう》じて受《う》ける授業《じゅぎょう》の内容《ないよう》は違《ちが》いますが、生徒《せいと》によっては年齢《ねんれい》に関係《かんけい》なく、上《うえ》のクラスで授業《じゅぎょう》を受《う》けることもあるそうです。ちなみに学費《がくひ》はすべて無料《むりょう》です。

気温《きおん》が低《ひく》いくらいでは休校《きゅうこう》にはなりませんが、吹雪《ふぶき》がひどくて外《そと》を歩《ある》けないような日《ひ》は休校《きゅうこう》になります。村《むら》の端《はし》から端《はし》まで歩《ある》いて5分《ふん》くらいのため、ランチは給食《きゅうしょく》やお弁当《べんとう》ではなく、家《いえ》に戻《もど》って食《た》べます。

12歳《さい》になったら60㎞ほど離《はな》れた隣町《となりまち》、カナックの中《ちゅう》学校《がっこう》に通《かよ》います。ただし、町《まち》に行《い》くための道《みち》がないため、親戚《しんせき》や知人《ちじん》の家《いえ》にホームステイをします。さらに高校《こうこう》、専門学校《せんもんがっこう》などへ進学《しんがく》する場合《ばあい》は、より南《みなみ》の都市《とし》に行《い》くことになります。

【質問《しつもん》39】

グリーンランドはいつからデンマークの領土《りょうど》なのですか？

子《こ》どもたちは何《なに》をして遊《あそ》んでいるの？

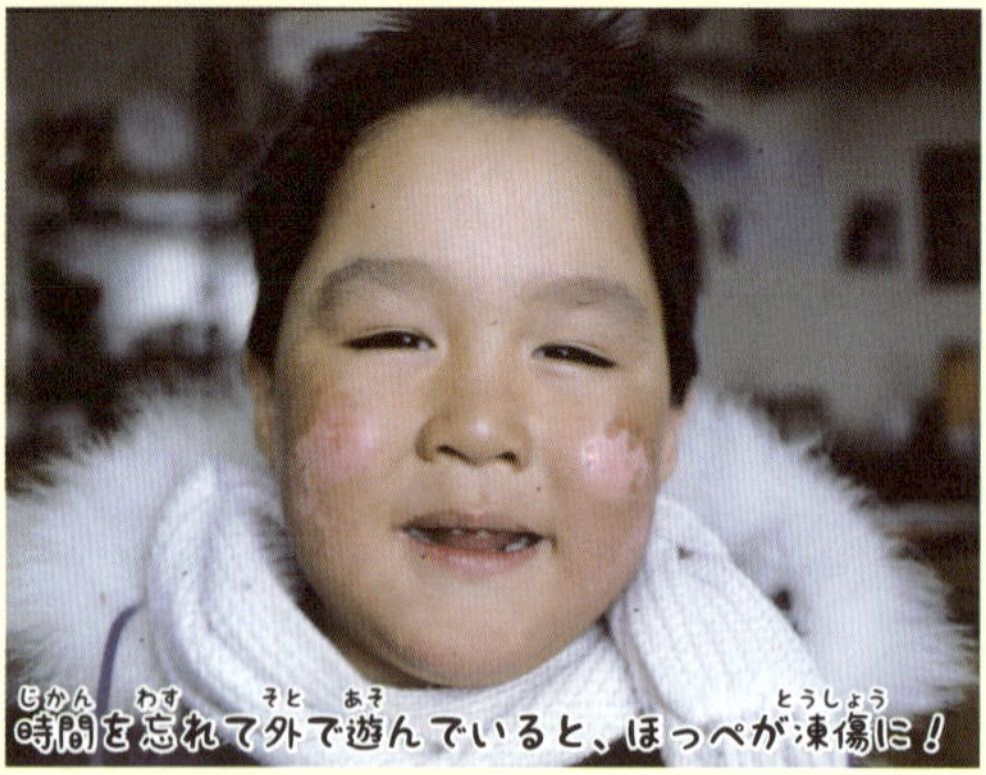

時間《じかん》を忘《わす》れて外《そと》で遊《あそ》んでいると、ほっぺが凍傷《とうしょう》に！

日本《にほん》と同《おな》じように北極《ほっきょく》でも、大《おお》きな町《まち》ほど子《こ》どもたちが室内《しつない》で遊《あそ》ぶようになってきています。日本製《にほんせい》のテレビゲームがはやったり、スマホゲームがはやったりと、ブームもあります。

しかし小《ちい》さな町村《ちょうそん》では、今《いま》も子《こ》どもたちが、マイナス20℃《ど》、30℃《ど》といった野外《やがい》で元気《げんき》に遊《あそ》ぶ姿《すがた》をよく見《み》かけます。鼻水《はなみず》を凍《こお》らせながら遊《あそ》ぶ姿《すがた》は、たくましさを感《かん》じずにはいられません。斜面《しゃめん》をそりで滑《すべ》り降《お》りたり、凍《こお》った海《うみ》の上《うえ》で犬《いぬ》ぞり遊《あそ》びをしたり、サッカーなどボール遊《あそ》びをする姿《すがた》も見《み》かけます。

海《うみ》に新《あたら》しい氷《こおり》が張《は》った初冬《しょとう》には、テカテカツルツルの氷《こおり》の上《うえ》で、スケートをして遊《あそ》ぶ子《こ》どももいますし、雪《ゆき》が積《つ》もっていない状態《じょうたい》では意外《いがい》にも氷《こおり》の上《うえ》で自転車《じてんしゃ》を乗《の》り回《まわ》すこともできます。

【答《こた》え39】

最初《さいしょ》はノルウェーの領土《りょうど》でしたが、16世紀《せいき》、ノルウェーがデンマークの支配下《しはいか》になったときにデンマーク領《りょう》になりました。

お酒《さけ》は飲《の》むの？

お酒《さけ》を飲《の》む町《まち》と、飲《の》まない町《まち》があります。もともとイヌイットにはお酒《さけ》の文化《ぶんか》はありませんでした。グリーンランドに外国《がいこく》からお酒《さけ》が入《はい》ってきたのは、1900年以降《ねんいこう》、外国《がいこく》の探検隊《たんけんたい》との交流《こうりゅう》が深《ふか》まってからです。

やがてお店《みせ》でお酒《さけ》が買《か》えるようになると、お酒《さけ》が一《ひと》つの社会問題《しゃかいもんだい》になってしまいました。飲《の》み方《かた》が極端《きょくたん》でお金《かね》があればとことん飲《の》み続《つづ》けたり、酔《よ》っ払《ぱら》って事件《じけん》を起《お》こしたりするケースが増《ふ》えたのです。娯楽《ごらく》が少《すく》ない場所《ばしょ》ですから、お酒《さけ》を楽《たの》しみにする気持《きも》ちはわかるのですが、さすがに困《こま》りものです。

そのためお酒《さけ》の販売《はんばい》をやめてしまった地域《ちいき》もあります。お酒《さけ》を飲《の》む町《まち》と飲《の》まない町《まち》があるのは、こういう理由《りゆう》からです。

【質問《しつもん》40】
北極《ほっきょく》に行《い》った人《ひと》は、すぐに寒《さむ》さに慣《な》れますか？

北極《ほっきょく》にも病院《びょういん》はあるの？

グリーンランドでは医療費《いりょうひ》も学費《がくひ》もすべて無料《むりょう》

極北《きょくほく》のグリーンランド北西部《ほくせいぶ》地方《ちほう》でも、中心地《ちゅうしんち》であるカナックの町《まち》には、病院《びょういん》や老人《ろうじん》ホームなどの施設《しせつ》が完備《かんび》されています。福祉国家《ふくしこっか》デンマークの自治領《じちりょう》であるグリーンランドは、病院《びょういん》は無料《むりょう》です。外国人《がいこくじん》の僕《ぼく》も、無料《むりょう》で診察《しんさつ》を受《う》けることができます。

小《ちい》さな村《むら》には病院《びょういん》はありませんが、遠隔治療《えんかくちりょう》を行《おこな》うことで、症状《しょうじょう》に合《あ》わせた薬《くすり》が処方《しょほう》されます。救急《きゅうきゅう》の場合《ばあい》は、普段《ふだん》は定期便《ていきびん》として使《つか》われているヘリコプターがやって来《き》て、緊急搬送《きんきゅうはんそう》されることもあります。いわゆるドクターヘリです。

また、田舎《いなか》の村《むら》には、定期的《ていきてき》に歯科医《しかい》が治療《ちりょう》にやってきます。

若《わか》い頃《ころ》に僕《ぼく》も、好奇心《こうきしん》から小《ちい》さな村《むら》で歯《は》の治療《ちりょう》を受《う》けたことがありました。でも、巡回《じゅんかい》のため治療道具《ちりょうどうぐ》

【答《こた》え40】

寒《さむ》い外《そと》に出《で》たり、暖《あたた》かな家《いえ》に入《はい》ったりを繰《く》り返《かえ》して、少《すこ》しずつ慣《な》れていきます。1週間《しゅうかん》もいれば、ずいぶんと平気《へいき》になります。

白夜《びゃくや》の季節《きせつ》　極夜《きょくや》の季節《きせつ》

は少《すく》なく、虫歯《むしば》を削《けず》っておしまい。それからは歯《は》の治療《ちりょう》は、日本《にほん》で受《う》けることにしています。

最後《さいご》にもう一《ひと》つ、北極《ほっきょく》ならではの病気《びょうき》の話《はなし》を紹介《しょうかい》します。太陽《たいよう》が昇《のぼ》らない〝極夜《きょくや》〟の季節《きせつ》では、精神的《せいしんてき》な影響《えいきょう》を多《おお》く受《う》け、うつ病《びょう》になってしまう人《ひと》が多《おお》いと報告《ほうこく》されています。うつ病《びょう》とは、気分《きぶん》が落《お》ち込《こ》んだり、意欲《いよく》が低下《ていか》してしまう病気《びょうき》のことです。

僕《ぼく》も極夜《きょくや》の季節《きせつ》に滞在《たいざい》しているため、なんとなく分《わ》かる気《き》がします。確《たし》かに太陽《たいよう》を見《み》ない生活《せいかつ》が続《つづ》くと、僕《ぼく》の気分《きぶん》も暗《くら》くなってきます。

一方《いっぽう》、やはり太陽《たいよう》の沈《しず》まない白夜《びゃくや》の季節《きせつ》は、みな活《い》き活《い》きとしています。太陽《たいよう》の陽射《ひざ》しを受《う》けることは、人間《にんげん》にとっては大切《たいせつ》なことなのかもしれません。

【質問《しつもん》41】

北極《ほっきょく》ではどんなお金《かね》を使《つか》っているのですか？

どんな仕事《しごと》があるの？

燃料《ねんりょう》を配達《はいたつ》する作業員《さぎょういん》

すでに紹介《しょうかい》した猟師《りょうし》や漁師《りょうし》以外《いがい》の仕事《しごと》は、グリーンランド北西部地方《ほくせいぶちほう》でも、日本《にほん》のあまり大《おお》きくない町《まち》にある仕事《しごと》とそんなに変《か》わりません。列挙《れっきょ》すると、こんな感《かん》じになります。

- 村役場等《むらやくばとう》の政府機関《せいふきかん》に関係《かんけい》する仕事《しごと》
- お店《みせ》の運営関係《うんえいかんけい》、店員《てんいん》
- ゴミの回収等《かいしゅうとう》の作業員《さぎょういん》
- 大工《だいく》、電気等《でんきとう》、設備関係《せつびかんけい》の専門《せんもん》
- 生活用水《せいかつようすい》や生活燃料関係《せいかつねんりょうかんけい》の仕事《しごと》（作業員《さぎょういん》や販売員《はんばいいん》など）
- 観光客《かんこうきゃく》のためのホテルの経営者《けいえいしゃ》
- 飛行場運営《ひこうじょううんえい》で必要《ひつよう》な仕事各種《しごとかくしゅ》
- 学校《がっこう》の教員《きょういん》
- 病院《びょういん》や老人《ろうじん》ホームで必要《ひつよう》な仕事各種《しごとかくしゅ》

【答《こた》え41】

アラスカならアメリカドル、カナダ圏《けん》ならカナダドル、グリーンランドならデンマーク・クローネのように地域《ちいき》ごとに別々《べつべつ》のお金《かね》を使《つか》っています。

さすがに給料《きゅうりょう》の金額《きんがく》は聞《き》いたことはありませんが、福祉国家《ふくしこっか》のデンマークとの関《かか》わりもあり、給料《きゅうりょう》の半分以上《はんぶんいじょう》を税金《ぜいきん》として差《さ》し引《ひ》かれます。そのぶん、学校《がっこう》や病院《びょういん》が無料《むりょう》だったりと、普段《ふだん》の生活《せいかつ》や老後《ろうご》の生活《せいかつ》は保障《ほしょう》されています。

またイヌイットの人《ひと》たちは「今《いま》を楽《たの》しむ」「思《おも》ったらすぐに行動《こうどう》に移《うつ》す」というような民族気質《みんぞくきしつ》も関係《かんけい》していると思《おも》いますが、貯金《ちょきん》をする習慣《しゅうかん》がないようです。現金《げんきん》があれば使《つか》い果《は》たしてしまう人《ひと》が多《おお》く、給料日前《きゅうりょうびまえ》には「お金《かね》が無《な》い」と、困《こま》っている人《ひと》の姿《すがた》をよく見《み》かけます。

大型液晶《おおがたえきしょう》テレビがどの家《いえ》にも置《お》いてあったり、最新《さいしん》の携帯電話《けいたいでんわ》に買《か》い替《か》える頻度《ひんど》が高《たか》かったりなど、新《あたら》しいもの好《ず》きな側面《そくめん》があるのかもしれません。

【質問《しつもん》42】

なぜ北極《ほっきょく》なのに冷蔵庫《れいぞうこ》が必要《ひつよう》なのですか？

日本《にほん》のようなお店《みせ》はあるの？

日本《にほん》のコンビニに近《ちか》いイメージ

どんなに小《ちい》さな田舎《いなか》の村《むら》にも国《くに》が運営《うんえい》するお店《みせ》が必《かなら》ず一軒《いっけん》はあり、日本《にほん》ほど品揃《しなぞろ》えが豊富《ほうふ》なわけではありませんが、食糧品《しょくりょうひん》と生活用品《せいかつようひん》を買《か》うことができます。町村《ちょうそん》の大《おお》きさによっても違《ちが》いますが、営業《えいぎょう》する曜日《ようび》や時間《じかん》が決《き》められています。

地元《じもと》の食品《しょくひん》は、北極地方《ほっきょくちほう》で獲《と》れる動物《どうぶつ》の肉《にく》や、魚《さかな》の肉《にく》です。近年《きんねん》の地球温暖化《ちきゅうおんだんか》の影響《えいきょう》で気候《きこう》が暖《あたた》かくなったグリーンランド南部地方《なんぶちほう》では、牧羊《ぼくよう》やジャガイモ栽培《さいばい》も行《おこな》われるようになり、それらも地元《じもと》の食品《しょくひん》として売《う》られています。

それ以外《いがい》の食品《しょくひん》は、ほぼ輸入品《ゆにゅうひん》です。牛肉《ぎゅうにく》、豚肉《ぶたにく》、鶏肉《とりにく》など地元《じもと》にない肉類《にくるい》や、お米《こめ》、パスタ麺《めん》、ラーメン、冷凍野菜《れいとうやさい》、バター、チーズ、牛乳《ぎゅうにゅう》、ヨーグルト。コーラなどの炭酸飲料類《たんさんいんりょうるい》。紅茶《こうちゃ》、コーヒー。チョコ

【答《こた》え42】

外《そと》に置《お》いておいたら冷《ひ》えるどころかカチコチに凍《こお》ってしまうため、ちょうど良《よ》く冷《ひ》やすことを目的《もくてき》に冷蔵庫《れいぞうこ》を使《つか》います。

フルーツは、オレンジ、リンゴ、バナナ、洋《よう》ナシ、ブドウなどを見《み》かけます。僕《ぼく》が見《み》た売《う》れ筋《すじ》ランキング・ベストスリーは、1位《い》がバナナ。2位《い》が酸《す》っぱさでスッキリするオレンジ。3位《い》がリンゴでした

レート、ポテトチップス、クッキーなどの菓子類《かしるい》。こんなに寒《さむ》い場所《ばしょ》なのに、アイスクリームも……。お酒《さけ》は、町《まち》や村《むら》によって販売《はんばい》しているところと、していないところがあります。

生活用品《せいかつようひん》もほぼ輸入品《ゆにゅうひん》ですが、生活《せいかつ》するのに十分《じゅうぶん》な品物《しなもの》が揃《そろ》っています。石油《せきゆ》、灯油《とうゆ》、ガソリン、軽油《けいゆ》などの燃料《ねんりょう》にトイレットペーパー、洗濯洗剤《せんたくせんざい》、石鹸《せっけん》、シャンプー、食器洗《しょっきあら》い洗剤《せんざい》。下着類《したぎるい》や衣類《いるい》。医薬品《いやくひん》。液晶《えきしょう》テレビ、洗濯機《せんたくき》、寒《さむ》い場所《ばしょ》だけれども冷凍庫《れいとうこ》。

北極《ほっきょく》ならではの生活用品《せいかつようひん》としては、ライフルやライフルの弾《たま》、包丁《ほうちょう》・ナイフ多種《たしゅ》。魚釣《さかなつ》りの道具《どうぐ》や仕掛《しか》け用《よう》の網《あみ》。ロープ各種《かくしゅ》。そりを作《つく》る材木等《ざいもくとう》の資材《しざい》や犬用《いぬよう》の胴《どう》バンドの帯《おび》。ストーブやコンロ、防寒服《ぼうかんふく》や防《ぼう》寒靴《かんぐつ》など。毛糸《けいと》やビーズなどの手芸用品《しゅげいようひん》もあります。

【質問《しつもん》43】

犬《いぬ》の名前《なまえ》はどうやって付《つ》けるの？

どんな暖房器具《だんぼうきぐ》が使《つか》われているの？

北極《ほっきょく》なのに室内《しつない》はポカポカ？

以前《いぜん》は石油《せきゆ》ストーブが主流《しゅりゅう》でしたが、近年《きんねん》はオイルヒーティングが主流《しゅりゅう》になりつつあります。日本《にほん》のようなエアコンのある家《いえ》は、見《み》たことがありません。

地域《ちいき》によって違《ちが》うのかもしれませんが、日本《にほん》では一般的《いっぱんてき》に、利用《りよう》していない部屋《へや》や寝《ね》るときには暖房《だんぼう》を消《け》してしまう習慣《しゅうかん》があると思《おも》います。しかし北極《ほっきょく》地方《ちほう》に住《す》む人《ひと》たちは、屋内《おくない》が寒《さむ》いことを非常《ひじょう》に嫌《いや》がり、1年中《ねんじゅう》、24時間《じかん》、住人《じゅうにん》がひとりでもいる限《かぎ》り、暖房器具《だんぼうきぐ》を止《と》めることはありません。そのため極寒《ごっかん》の北極《ほっきょく》の冬《ふゆ》でも、家《いえ》の中《なか》は20℃《ど》以上《いじょう》に保《たも》たれ、半袖《はんそで》で過《す》ごしている人《ひと》が多《おお》くいます。

寒《さむ》がりというよりは、「外《そと》が寒《さむ》いからせめて屋内《おくない》だけは暖《あたた》かく過《す》ごしたい！」という気持《きも》ちが強《つよ》いのではないでしょうか。

【答《こた》え43】

自分《じぶん》で付《つ》けたり、友人《ゆうじん》に付《つ》けてもらったりします。ワサビ、ガリ、醤油《しょうゆ》、なんてシリーズみたいにつけることもあります。

物《もの》の値段《ねだん》は日本《にほん》と比《くら》べて高《たか》いの？ 安《やす》いの？

品名《ひんめい》	缶《かん》コーラ	ポテトチップス（筒状《つつじょう》のロング缶《かん》）	板《いた》チョコ	パン	じゃがいも
量《りょう》	350ml	1個《こ》	45g	一斤《いっきん》	1個《こ》 90g
値段《ねだん》	約《やく》180円《えん》	約《やく》430円《えん》	約《やく》250円《えん》	約《やく》540円《えん》	約《やく》55円《えん》

品名《ひんめい》	玉《たま》ねぎ	卵《たまご》	バナナ オレンジ リンゴ	日本《にほん》メーカーの醤油《しょうゆ》	日本《にほん》メーカーのカップラーメン
量《りょう》	中《ちゅう》1個《こ》 300g	1個《こ》	各《かく》1個《こ》	150mℓ	普通《ふつう》サイズ1個《こ》
値段《ねだん》	約《やく》140円《えん》	約《やく》80円《えん》	約《やく》140円《えん》	約《やく》630円《えん》	約《やく》360円《えん》

2018年現在《ねんげんざい》

実《じつ》は、北極地方《ほっきょくちほう》の方《ほう》が日本《にほん》より物《もの》の値段《ねだん》は高《たか》いと思《おも》います。私《わたし》たちが暮《く》らしている日本《にほん》も、世界《せかい》の国々《くにぐに》の中《なか》では物《もの》の値段《ねだん》は高《たか》いほうだと思《おも》いますが、上《うえ》には上《うえ》がいます。

北極地方《ほっきょくちほう》は運《はこ》ぶのが普通《ふつう》の場所《ばしょ》よりも困難《こんなん》で、燃料代《ねんりょうだい》などがかかるからか、僕《ぼく》の実感《じっかん》では、世界《せかい》のベストスリーに入《はい》ると思《おも》っています。上《うえ》の表《ひょう》を見《み》て、身近《みぢか》なスーパーの値段《ねだん》と比《くら》べてみてください。

グリーンランドはデンマークの自治領《じちりょう》のため、酪農国《らくのうこく》のデンマークから輸入《ゆにゅう》される肉類《にくるい》や乳製品《にゅうせいひん》などの値段《ねだん》は、日本《にほん》とあまり変《か》わりません。郵便料金《ゆうびんりょうきん》は高《たか》く、日本《にほん》あてのハガキなら1枚《まい》で約《やく》300円《えん》、10kgの小包《こづつみ》なら約《やく》2万《まん》6千円《せんえん》もかかります。

【質問《しつもん》44】

グリーンランドは誰《だれ》が発見《はっけん》したのですか？

北極《ほっきょく》にどうやって物《もの》を運《はこ》んでくるの？

1年分《ねんぶん》の物資《ぶっし》を積《つ》み込《こ》んだ船《ふね》

冬《ふゆ》でも海《うみ》が凍《こお》らない南部地方《なんぶちほう》では、一年《いちねん》を通《つう》じて船《ふね》による輸送《ゆそう》が行《おこな》われていますが、冬《ふゆ》に海《うみ》が凍《こお》り付《つ》く北部地域《ほくぶちいき》では、夏《なつ》に海《うみ》の氷《こおり》が溶《と》けたタイミングを見《み》計《はか》らって、貨物船《かもつせん》による輸送《ゆそう》が行《おこな》われています。

以前《いぜん》は海氷《かいひょう》のため、グリーンランド北西部地方《ほくせいぶちほう》では年《ねん》に一度《いちど》しか貨物船《かもつせん》が通航《つうこう》できませんでしたが、近《きん》年《ねん》は地球温暖《ちきゅうおんだん》の影響《えいきょう》で氷《こおり》が溶《と》ける時期《じき》が早《はや》くなり、7～8月頃《がつごろ》にかけて2回物資《かいぶっし》が運《はこ》び込《こ》まれます。

運《はこ》ばれてくるのは、燃料《ねんりょう》、食糧《しょくりょう》、生活用品《せいかつようひん》といった、住《す》んでいる人《ひと》たちに必要《ひつよう》な一年分《いちねんぶん》の物資《ぶっし》です。

またグリーンランド北西部地方《ほくせいぶちほう》では、2001年《ねん》に地元住民《じもとじゅうみん》が利用《りよう》できる民間飛行場《みんかんひこうじょう》がようやく完成《かんせい》し、40人《にん》ほどが乗《の》れる小《ちい》さい飛行機《ひこうき》がやってくるようになりました。

【答《こた》え44】

赤毛《あかげ》のエイリークと呼《よ》ばれるノルウェー生《う》まれのヴァイキングが発見《はっけん》したという伝説《でんせつ》が「サガ」という物語《ものがたり》で伝《つた》えられています。

それに伴《ともな》い、船《ふね》が氷《こおり》に邪魔《じゃま》されて運航《うんこう》できない冬《ふゆ》にも飛行機《ひこうき》での輸送《ゆそう》が可能《かのう》となり、フルーツや野菜《やさい》といった生鮮食品《せいせんしょくひん》が一年《いちねん》を通《つう》じて店《みせ》に並《なら》ぶようになりました。

また、必要《ひつよう》なものが足《た》りなくなった時《とき》には緊急時《きんきゅうじ》の対応《たいおう》として、航空機《こうくうき》で運《はこ》ぶこともあるようです。僕《ぼく》は以前《いぜん》、コカコーラなどの炭酸飲料《たんさんいんりょう》がなくなって、飛行機《ひこうき》で運《はこ》び込《こ》まれているのを見《み》たことがあります。でもこれって、緊急《きんきゅう》ではないような気《き》が……。

いずれにしても、いまだにメインの運搬《うんぱん》が貨物船《かもつせん》ということに変《か》わりはありません。そのため一年《いちねん》にたった2回《かい》の輸送《ゆそう》で、一年分《いちねんぶん》の生活物資《せいかつぶっし》が尽《つ》きないように十分《じゅうぶん》に計算《けいさん》して、いろいろなものを運《はこ》び込《こ》んでいるのです。

【質問《しつもん》45】…………………………………………

犬《いぬ》ぞりを運転《うんてん》するのに免許《めんきょ》は必要《ひつよう》ですか？

北極《ほっきょく》は大半《たいはん》が海《うみ》なので水不足《みずぶそく》にはならない？

氷《こおり》の山《やま》は2日間《かかん》くらいですべて水《みず》に！

北極《ほっきょく》の冬《ふゆ》は、右《みぎ》を見《み》ても左《ひだり》を見《み》ても氷《こおり》の世界《せかい》です。それなら水不足《みずぶそく》とは無縁《むえん》だろうと思《おも》うかもしれませんが、北極《ほっきょく》で生活用水《せいかつようすい》を得《え》るのは思《おも》いのほか大変《たいへん》です。実《じつ》は冬《ふゆ》の寒《さむ》さで水道管《すいどうかん》が凍《こお》り付《つ》いてしまうため、ごく限《かぎ》られた町《まち》にしか水道《すいどう》がないのです。

田舎《いなか》の町《まち》では、夏《なつ》に雪《ゆき》や氷《こおり》が溶《と》けて裏山《うらやま》から流《なが》れてきた水《みず》をタンクに貯《た》めておく設備《せつび》を持《も》っているところもありますが、自分《じぶん》で氷山《ひょうざん》に氷《こおり》を取《と》りに行《い》くのがもっとも古《ふる》くからある簡単《かんたん》な方法《ほうほう》です。海《うみ》に浮《う》かぶ氷《こおり》だからしょっぱいのでは？　と思《おも》う人《ひと》もいるかもしれませんが、この氷《こおり》は海水《かいすい》が凍《こお》ったものではなく、陸地《りくち》で雪《ゆき》が降《ふ》り積《つ》もり氷《こおり》となったもので、実際《じっさい》に、グリーンランドでは、内陸《ないりく》から海《うみ》へと氷河《ひょうが》が流《なが》れ落《お》ちる風景《ふうけい》を、当《あ》たり前《まえ》に見《み》ることができます。

【答《こた》え45】

犬《いぬ》ぞりには車《くるま》のような免許《めんきょ》は不要《ふよう》です！

内陸《ないりく》から海《うみ》に流《なが》れ落《お》ちる氷河《ひょうが》

海《うみ》に漂《ただよ》う氷山《ひょうざん》

氷山《ひょうざん》の氷《こおり》を取《と》る

犬《いぬ》ぞりに積《つ》み込《こ》む

この塩分《えんぶん》が混《ま》じっていない氷山《ひょうざん》の氷《こおり》を集《あつ》め、持《も》ち帰《かえ》って生活用水《せいかつようすい》にするのです。男性《だんせい》は、凍《こお》った海《うみ》の上《うえ》を犬《いぬ》ぞりを走《はし》らせて氷山《ひょうざん》まで取《と》りに行《い》き、女性《じょせい》や子《こ》どもは、浜辺《はまべ》に流《なが》れ着《つ》いている氷山《ひょうざん》のかけらを拾《ひろ》い集《あつ》めます。時間《じかん》もかかり重労働《じゅうろうどう》です。一人暮《ひとりぐ》らしの僕《ぼく》は、一週間《いっしゅうかん》に一度《いちど》くらいの割合《わりあい》で、氷《こおり》を取《と》りに行《い》っていた記憶《きおく》があります。

他《ほか》にはダンプカーが氷《こおり》を運《はこ》ぶこともあります。カナックという町《まち》では、氷《こおり》を砕《くだ》いてすくうためのホイールローダーと運搬用《うんぱんよう》のダンプカーが、住民《じゅうみん》の生活用《せいかつよう》水《すい》を確保《かくほ》するために氷《こおり》を毎日運《まいにちはこ》んでいます。ただ、雪《ゆき》や氷《こおり》の道《みち》を運転《うんてん》するのは難《むずか》しく、過去《かこ》には氷《こおり》が割《わ》れて車《くるま》が海《うみ》に沈《しず》んでしまった事故《じこ》もあるなど、水《みず》を得《え》るのが大変《たいへん》なことに変《か》わりはありません。

【質問《しつもん》46】

犬《いぬ》ぞりをひく犬《いぬ》には盲導犬《もうどうけん》のような試験《しけん》があるのですか？

電気《でんき》はあるの？

凍《こお》ったばかりの海氷《かいひょう》に光《ひかり》が反射《はんしゃ》して幻想的《げんそうてき》な風景《ふうけい》に

電気《でんき》が灯《とも》ったシオラパルク村《むら》

僕《ぼく》が世界最北《せかいさいほく》の集落《しゅうらく》、シオラパルクに最初《さいしょ》に足《あし》を踏《ふ》み入《い》れた30年《ねん》ほど前《まえ》には電気《でんき》はなく、人々《ひとびと》はランプを利用《りよう》した原始的《げんしてき》な暮《く》らしをしていました。

その後《ご》1992年《ねん》に大型《おおがた》のディーゼル発電機《はつでんき》を利用《りよう》した発電設備《はつでんせつび》が整《ととの》い、各家庭《かくかてい》で電気《でんき》が使《つか》えるようになりました。最初《さいしょ》は灯《あか》りでしたが、短期間《たんきかん》のうちに家電製品《かでんせいひん》が普及《ふきゅう》し、あっという間《ま》に便利《べんり》な生活《せいかつ》が広《ひろ》まりました。

しかし田舎《いなか》の方《ほう》には、いまだに発電設備《はつでんせつび》のない村《むら》もあります。それらの村《むら》では、各家庭《かくかてい》で持《も》ち運《はこ》び用《よう》の小型発電機《こがたはつでんき》を所有《しょゆう》していたり、部屋《へや》の灯《あか》りにキャンプで使《つか》うランプを利用《りよう》していたりします。燃料《ねんりょう》はガソリンや灯油《とうゆ》です。

電気《でんき》は、家《いえ》の中《なか》だけではなく野外《やがい》での活動《かつどう》も変《か》えま

【答《こた》え46】

試験《しけん》はありません。その代《か》わり、生《う》まれて三《さん》か月《げつ》くらいから修業《しゅぎょう》をはじめます。

光《ひかり》が強《つよ》く軽量《けいりょう》のLEDライトは、もう手放《てばな》せません

した。例《たと》えば、30年《ねん》ほど前《まえ》のイヌイットの人《ひと》たちは、野外《やがい》で犬《いぬ》ぞりを走《はし》らせる時《とき》には、灯油《とうゆ》ランプをぶら下《さ》げて活動《かつどう》していました。

そのうち、豆電球《まめでんきゅう》のヘッドライトが広《ひろ》まり、頭《あたま》に付《つ》けて活動《かつどう》をするようになりました。それだけでも暗《くら》い中《なか》での活動《かつどう》や作業《さぎょう》が格段《かくだん》にやりやすくなったのですが、豆電球《まめでんきゅう》を使《つか》った懐中電灯《かいちゅうでんとう》やヘッドライトは、乾電池《かんでんち》の減《へ》りが早《はや》かったのを覚《おぼ》えています。

最近《さいきん》のヘッドライトにはLEDが使《つか》われています。電池《でんち》の消耗《しょうもう》も少《すく》なく長持《ながも》ちするだけでなく、50～100m先《さき》までも照《て》らし出《だ》してくれるLEDは、僕《ぼく》にとっても革命的《かくめいてき》でした。おかげで極夜《きょくや》での野外作《やがいさ》業《ぎょう》も犬《いぬ》ぞりでの移動《いどう》も、すっかり快適《かいてき》になりました。もうLEDライトから豆電球《まめでんきゅう》には戻《もど》れません。

【質問《しつもん》47】

北極《ほっきょく》ではどんな布団《ふとん》で寝《ね》ているのですか？

洗濯物《せんたくもの》を家《いえ》の外《そと》に干《ほ》すことはあるの？

僕《ぼく》は、北極《ほっきょく》で家の外に洗濯物《せんたくもの》を干《ほ》している光景《こうけい》を見《み》たことがあります。マイナス20～30℃《ど》の中《なか》、洗濯物《せんたくもの》を外《そと》に干《ほ》しているのをはじめて見《み》たときは、「北極《ほっきょく》の人《ひと》は変《へん》なことをするなあ。干《ほ》したって、カチコチに凍《こお》りつくだけじゃないか」と笑《わら》ったものです。しかも僕《ぼく》がその光景《こうけい》を見《み》た30年《ねん》位前《くらいまえ》は、洗濯《せんたく》も手洗《てあら》いでしたから、水《みず》がしぼりきれずにカチコチに凍《こお》るのは当然《とうぜん》のことでした。

ところが！　濡《ぬ》れた洗濯物《せんたくもの》は確《たし》かにカチコチに凍《こお》りつくのですが、何日《なんにち》もするとカチコチのまま乾《かわ》いていったのです。これは、空気《くうき》が非常《ひじょう》に乾燥《かんそう》しているからでした。びっくりすると同時《どうじ》に、「みなさん、バカにしてごめんなさい」と、心《こころ》の中《なか》で謝《あやま》ったものです。（ちなみに、部屋《へや》に置《お》いておくと柔《やわ》らかくなります）

【答《こた》え47】……
村《むら》では布団《ふとん》ですが、犬《いぬ》ぞりでテント生活《せいかつ》をしている時《とき》は、寒《さむ》さにも耐《た》えられる寝袋《ねぶくろ》を使《つか》っています。

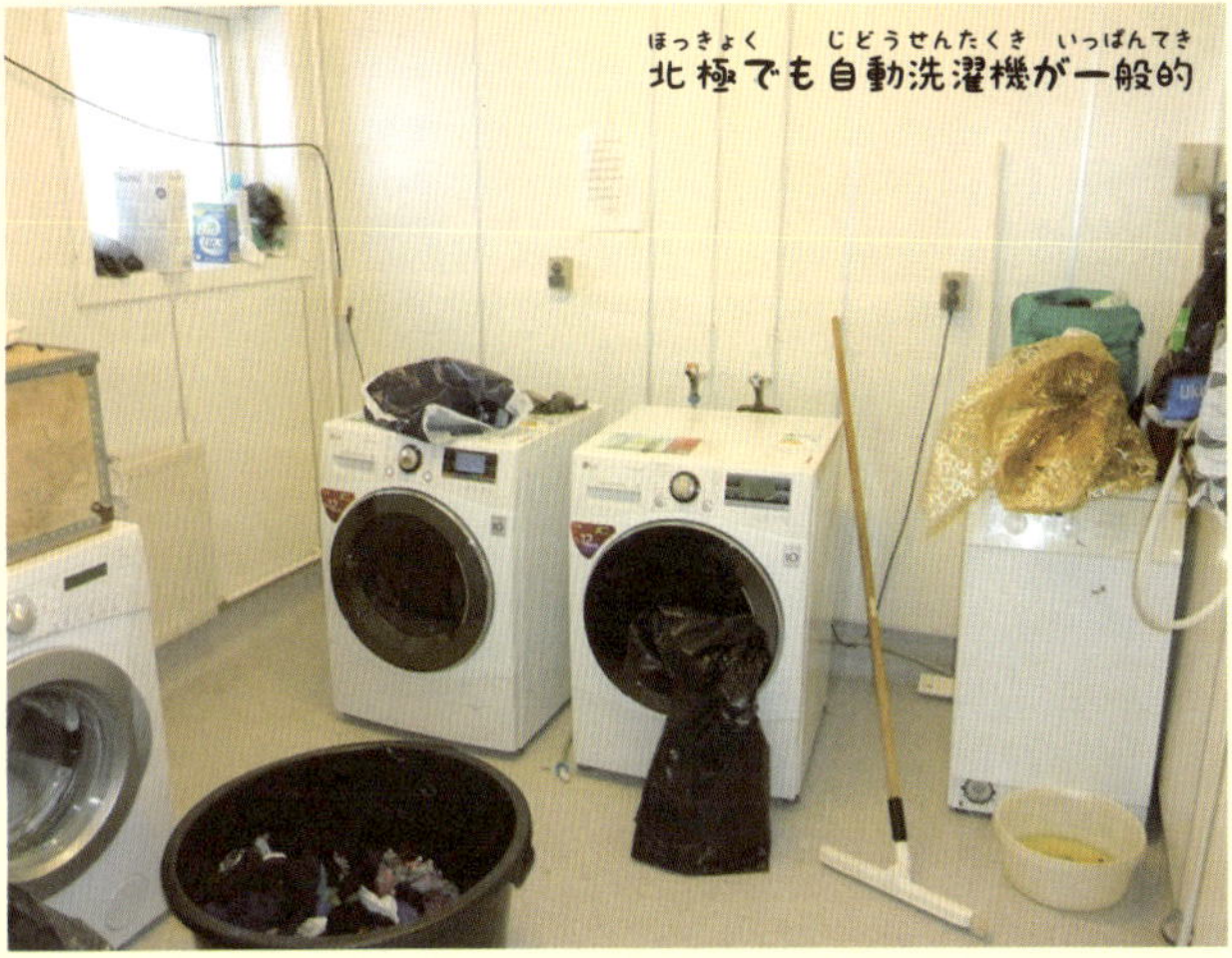

以前《いぜん》は手洗《てあら》いでの洗濯《せんたく》が主流《しゅりゅう》でしたが、最近《さいきん》では田舎《いなか》でも自動洗濯機《じどうせんたくき》を使《つか》います。洗濯機《せんたくき》が脱水《だっすい》してくれるようになると、しっかりしぼれて水《みず》がたれないからか、屋内《おくない》で干《ほ》すことも増《ふ》えました。

また小《ちい》さな貯水槽《ちょすいそう》を備《そな》えつけている家《いえ》も多《おお》くなり、洗濯機用《せんたくきよう》の水《みず》も確保《かくほ》しやすくなりました。昔《むかし》は濡《ぬ》らしたタオルで体《からだ》を拭《ふ》くだけだったのが、貯水槽《ちょすいそう》が備《そな》えつけられたことで、シャワーを浴《あ》びる習慣《しゅうかん》も定着《ていちゃく》してきました。公共《こうきょう》のランドリーやシャワー設備《せつび》を持《も》つ村《むら》もあります。このような設備《せつび》が普及《ふきゅう》するのは、電気《でんき》が使《つか》えるようになってからのことです。洗濯《せんたく》でもシャワーでも、水《みず》が貴重《きちょう》だということを住人《じゅうにん》たちは理解《りかい》していますから、無駄《むだ》に水《みず》を出《だ》しっ放《ぱな》しにすることはありません。

【質問《しつもん》48】

北極《ほっきょく》の人《ひと》たちも外国《がいこく》に旅行《りょこう》に行《い》くのですか？

インターネットは使《つか》えるの？

携帯電話《けいたいでんわ》の使用《しよう》は日常《にちじょう》の光景《こうけい》

電気《でんき》が無《な》かった時代《じだい》には、村《むら》に一台《いちだい》だけあった無線《むせん》電話《でんわ》を使《つか》っていましたが、発電設備《はつでんせつび》の普及《ふきゅう》と共《とも》に、電話回線《でんわかいせん》も各家庭《かくかてい》に配備《はいび》され、２０００年頃《ねんごろ》には個々《ここ》の家庭《かてい》で電話機《でんわき》を持《も》つようになりました。ＦＡＸも導入《どうにゅう》され、格段《かくだん》に通信《つうしん》が発達《はったつ》しました。電話代《でんわだい》はなぜか安《やす》く、日本《にほん》の家族《かぞく》と数分《すうふん》の電話《でんわ》をしても、一回《いっかい》に百円《ひゃくえん》ほどしかかかりません。

２００５年頃《ねんごろ》からはインターネットも使《つか》えるようになり、一家《いっか》に一台《いちだい》、パソコンを持《も》つのがブームとなりました。そして今《いま》では、子《こ》どもからお年寄《としよ》りまでもが携帯電話《けいたいでんわ》を持《も》っています。

シオラパルク村《むら》や近辺《きんぺん》の町《まち》を見《み》ると、日本《にほん》よりもスマートフォンの所持率《しょじりつ》が高《たか》いのではないかと思《おも》います。小学生《しょうがくせい》くらいの子《こ》どももみんな、携帯電話《けいたいでんわ》を

【答《こた》え48】

もちろん旅行《りょこう》に行《い》く人《ひと》もいますが、一般的《いっぱんてき》ではありません。行《い》っても、体《からだ》が北極《ほっきょく》に慣《な》れているため、「暑《あつ》すぎて大変《たいへん》だった」という話《はなし》を耳《みみ》にします。

カナックのパラボラアンテナ

所持《しょじ》しているのにはおどろかされます。各地域《かくちいき》の中心《ちゅうしん》の町《まち》には、国営《こくえい》の電話局《でんわきょく》があり、そこで普通《ふつう》に最新《さいしん》のスマートフォンも購入《こうにゅう》できますし、故障時《こしょうじ》のメンテナンスも受《う》け付《つ》けているようです。

北極地域《ほっきょくちいき》では、隣《となり》の村《むら》や町《まち》が50㎞以上《いじょう》も離《はな》れているため、ケーブル配線《はいせん》ではなく人工衛星《じんこうえいせい》を利用《りよう》した通信設備《つうしんせつび》になります。グリーンランド北西部地方《ほくせいぶちほう》の場合《ばあい》、カナックという中心《ちゅうしん》の町《まち》にパラボラアンテナがあります。周囲《しゅうい》の小《ちい》さな村落《そんらく》とは、中継《ちゅうけい》のアンテナを設置《せっち》することで通信《つうしん》を可能《かのう》にしていますが、インターネットの速度《そくど》はそれほど速《はや》くはありません。

さらに近年《きんねん》は、ネットショッピングを利用《りよう》する人《ひと》も大勢《おおぜい》います。ただし航空機《こうくうき》で運《はこ》ぶため、「配送料《はいそうりょう》が商品《ひん》よりも高《たか》くついた」というぐちをよく聞《き》きます。

【質問《しつもん》49】……………………………………………

伝統的《でんとうてき》な毛皮《けがわ》の服《ふく》はどうやって手入《てい》れをするのですか？

北極《ほっきょく》の観光《かんこう》について教《おし》えて

海氷上《かいひょうじょう》の犬《いぬ》ぞりツアーが大人気《だいにんき》！

観光《かんこう》で極北《きょくほく》に訪《おとず》れる外国人《がいこくじん》は多《おお》くはありません。特《とく》に太陽《たいよう》が昇《のぼ》らない極夜《きょくや》の期間中《きかんちゅう》は、寒《さむ》くて、真《ま》っ暗《くら》なため観光客《かんこうきゃく》はほとんどいません。オーロラも極北《きょくほく》まで来《く》るよりは、オーロラが見《み》やすく旅行《りょこう》がしやすいアラスカやカナダを訪《おとず》れる人《ひと》の方《ほう》が多《おお》いです。

しかし最近《さいきん》では、3月下旬《がつげじゅん》から4月下旬《がつげじゅん》の1か月間《げつかん》だけ犬《いぬ》ぞり観光《かんこう》ツアーが行《おこな》われています。ヨーロッパ方面《ほうめん》からの観光客《かんこうきゃく》が多《おお》く、1回《かい》のツアーの参加者《さんかしゃ》は5〜10名程度《めいていど》です。なぜ期間限定《きかんげんてい》かというと、気温《きおん》が暖《あたた》かく、犬《いぬ》ぞりを走《はし》らせるための海《うみ》の氷《こおり》が、溶《と》けすぎずに安全《あんぜん》なのがこの期間《きかん》だからです。

飛行機《ひこうき》は一週間《いっしゅうかん》に1度《ど》しか飛《と》ばないため、観光客《かんこうきゃく》は必《かなら》ず一週間《いっしゅうかん》は滞在《たいざい》することになります。犬《いぬ》ぞりツアーの料金《りょうきん》は、一週間《いっしゅうかん》で100万円《まんえん》ほどだそうです。

【答《こた》え49】

暖房《だんぼう》のきいた家《いえ》やテントの中《なか》でこまめに干《ほ》して乾《かわ》かすのが基本《きほん》の手入《てい》れです。あまりにも汚《よご》れてしまったり、消耗《しょうもう》した場合《ばあい》は、新《あたら》しい毛皮《けがわ》で作《つく》り直《なお》します。

北極《ほっきょく》の人口《じんこう》は増《ふ》えているの？減《へ》っているの？

シロクマの毛皮《けがわ》を乾《かわ》かす猟師《りょうし》
メス（写真《しゃしん》）で2.5m以上《いじょう》
オスだと3mを超《こ》えるものもいます

人口《じんこう》は減《へ》っています。小《ちい》さな村《むら》では、人《ひと》が減《へ》り続《つづ》け、村自体《むらじたい》がなくなってしまうケースもあります。

もともと小村落《しょうそんらく》は、獲物《えもの》がたくさん周辺《しゅうへん》にいて、狩《か》りの中心地《ちゅうしんち》として栄《さか》えていました。しかし外国《がいこく》との繋《つな》がりが深《ふか》くなると、先住民《せんじゅうみん》たちも便利《べんり》な生活《せいかつ》を望《のぞ》むようになり、自給自足《じきゅうじそく》の狩猟生活《しゅりょうせいかつ》ではなく、現金《げんきん》を求《もと》めるようになりました。もちろん獲物《えもの》の肉《にく》を住民《じゅうみん》に売《う》ることもありますが、その収入《しゅうにゅう》だけでは十《じゅう》分《ぶん》ではないのです。また現金収入《げんきんしゅうにゅう》の多《おお》くを占《し》めていた毛皮《けがわ》が、動物保護活動《どうぶつほごかつどう》の高《たか》まりで、売《う》れなくなってしまったという理由《りゆう》もあると思《おも》います。

近年《きんねん》は、高収入《こうしゅうにゅう》が望《のぞ》める漁師《りょうし》への転業《てんぎょう》（漁場地域《ぎょじょうちいき》へ移住《いじゅう》していく）や、安定《あんてい》した仕事《しごと》を求《もと》めて、大《おお》きな町《まち》への移住《いじゅう》が進《すす》んでいます。

【質問《しつもん》50】

ホッキョクグマって地球温暖化《ちきゅうおんだんか》のせいで絶滅《ぜつめつ》の危機《きき》なのですか？

北極地域《ほっきょくちいき》と地球温暖化《ちきゅうおんだんか》

海氷《かいひょう》が割《わ》れる様子《ようす》
一度犬《いちどいぬ》ぞりチームごと流《なが》されそうになったことが…

近年《きんねん》、地球《ちきゅう》の自然環境《しぜんかんきょう》の大《おお》きな変化《へんか》がクローズアップされています。私《わたし》たちが住《す》む地球《ちきゅう》は、これまでは自然《しぜん》の流《なが》れの中《なか》で暖《あたた》かくなったり、寒《さむ》くなったりを繰《く》り返《かえ》してきました。ところが現在《げんざい》では、人間《にんげん》の生活《かつ》が原因《げんいん》で、自然環境《しぜんかんきょう》が急速《きゅうそく》に変化《へんか》し、地球《ちきゅう》が温暖《おんだん》化《か》していると言《い》われています。

例《たと》えば人間《にんげん》が、電気《でんき》を作《つく》ったり、車《くるま》を動《うご》かしたりするために燃料《ねんりょう》を燃《も》やすと、二酸化炭素《にさんかたんそ》が大気中《たいきちゅう》に放《ほう》出《しゅつ》されます。そしてこの二酸化炭素《にさんかたんそ》の濃度《のうど》が増加《ぞうか》すると、地球《ちきゅう》の温度《おんど》が上昇《じょうしょう》してしまうのです。

地球《ちきゅう》が温暖化《おんだんか》すると、雨《あめ》が増《ふ》えるのか、少《すく》なくなるのか、森林火災《しんりんかさい》が増《ふ》えるのか、魚《さかな》が捕《と》れなくなるのかなど、具体的《ぐたいてき》にどのように人々《ひとびと》の生活《せいかつ》に影響《えいきょう》を及《およ》ぼすのかまでは、よくわかっていません。

【答《こた》え50】

原因《げんいん》は地球温暖化《ちきゅうおんだんか》だけではありません。人間《にんげん》による乱獲《らんかく》によって減《へ》った地域《ちいき》もあります、ただ、ホッキョクグマが増《ふ》えているという研究結果《けんきゅうけっか》もあるようです。

観測調査《かんそくちょうさ》の様子《ようす》
自動気象観測計《じどうきしょうかんそくけい》からリアルタイムで
北極《ほっきょく》の天気《てんき》が送《おく》られてきます

ただ温暖化《おんだんか》により北極《ほっきょく》や南極《なんきょく》の氷《こおり》が溶《と》けてしまうことで、海《うみ》の水位《すいい》が上昇《じょうしょう》し、海《うみ》の近《ちか》くの陸地《りくち》が、海《かい》水《すい》に浸《ひた》ってしまうことが予測《よそく》されています。

そんな中《なか》、北極《ほっきょく》は地球温暖化《ちきゅうおんだんか》の影響《えいきょう》がいち早《はや》く表《あらわ》れる場所《ばしょ》だと言《い》われています。南極《なんきょく》よりも変化《へんか》が表《あらわ》れやすいのは、研究者《けんきゅうしゃ》の一《ひと》つの説《せつ》では、北半球《きたはんきゅう》の方《ほう》が圧倒的《あっとうてき》に人間《にんげん》が多《おお》く住《す》んでいるからだそうです。

１９５６年《ねん》から現在《げんざい》まで続《つづ》く日本《にほん》の南極地域観測《なんきょくちいきかんそく》隊《たい》は、世界《せかい》でも指折《ゆびお》りの歴史《れきし》があります。しかし北《ほっ》極地域《きょくちいき》での観測調査《かんそくちょうさ》は、それほど行《おこな》われていませんでした。最近《さいきん》になってようやく、地球環境《ちきゅうかんきょう》の急速《きゅうそく》な変化《へんか》を知《し》るために、北極地域《ほっきょくちいき》での観測調査《かんそくちょうさ》も南極観《なんきょくかん》測《そく》と並行《へいこう》して行《おこな》う必要《ひつよう》があると考《かんが》えられるようになり、北極観測《ほっきょくかんそく》が注目《ちゅうもく》されはじめています。

【質問《しつもん》51】

人間《にんげん》が狩《か》りをやめると動物《どうぶつ》は増《ふ》えますか？

体感《たいかん》する北極《ほっきょく》の温暖化《おんだんか》

僕《ぼく》が体感《たいかん》した「北極《ほっきょく》の温暖《おんだん》」を二《ふた》つほど紹介《しょうかい》します。

一《ひと》つ目《め》は、海《うみ》の氷《こおり》が昔《むかし》に比《くら》べて凍《こお》りにくくなったことです。特《とく》に２００７年《ねん》の冬《ふゆ》は、異様《いよう》な暖《あたた》かさが続《つづ》いていました。１～２月《がつ》は北極《ほっきょく》で一番寒《いちばんさむ》い季節《きせつ》なのですが、犬《いぬ》ぞりを走《はし》らせていたら、いままでなら割《わ》れるはずのなかった地域《ちいき》の海氷《かいひょう》が、強風《きょうふう》と共《とも》に割《わ》れて、流失《りゅうしつ》してしまったのです。僕《ぼく》は寸前《すんぜん》のところで陸地《りくち》に逃《に》げることができましたが、割《わ》れた氷《こおり》と共《とも》に十数頭《じゅうすうとう》の犬《いぬ》たちは流《なが》されてしまい、助《たす》けることができませんでした。

二《ふた》つ目《め》は、比較的《ひかくてき》に暖《あたた》かい、南《みなみ》の方《ほう》の海《うみ》にしかいなかった魚《さかな》が、近年《きんねん》では北部《ほくぶ》の海《うみ》でも獲《と》れるようになってきたのです。地元漁師《じもとりょうし》によると、タラやシシャモ、キンメダイが獲《と》れるようになったそうです。

【答《こた》え51】

そんなことはありません。セイウチの狩《か》りを制限《せいげん》すると、セイウチに食《た》べられるアザラシが減《へ》ったりします。自然界《しぜんかい》にはバランスがあるのです。もちろん乱獲《らんかく》はダメです。

北極《ほっきょく》のゴミ問題《もんだい》

近年《きんねん》の北極地方《ほっきょくちほう》では、ゴミ問題《もんだい》が一《ひと》つの大《おお》きな社会《しゃかい》問題《もんだい》としてクローズアップされ始《はじ》めています。

アラスカからカナダ北極地方《ほっきょくちほう》、そしてグリーンランドと北極《ほっきょく》は広《ひろ》く、人《ひと》が住《す》んでいる町村《ちょうそん》はたくさんありますが、ゴミ処理場《しょりじょう》は一《ひと》つもありません。

では、どうやってゴミが処理《しょり》されているかというと、人《ひと》が住《す》んでいる町《まち》や村《むら》から少《すこ》し離《はな》れたところにゴミ捨《す》て場《ば》があるだけなのです。そのため北極地方《ほっきょくちほう》で人《ひと》が住《す》んでいる町《まち》や村《むら》の周辺《しゅうへん》を散策《さんさく》すると、廃船《はいせん》、廃車《はいしゃ》、家電製品《かでんせいひん》などの燃《も》えない粗大《そだい》ゴミが、山積《やまづ》みになっている光景《こうけい》を必《かなら》ず見《み》ることが出来《でき》ます。

可燃《かねん》ゴミは作業員《さぎょういん》によって燃《も》やされていますが、燃《も》えカスも年々《ねんねん》増《ふ》える一方《いっぽう》で、夏《なつ》に来《く》る貨物船《かもつせん》で、ゴミを持《も》ち帰《かえ》ろうという動《うご》きも出《で》てきています。

【質問《しつもん》52】

イルカとクジラって何《なに》が違《ちが》うのですか？

9 北極《ほっきょく》の歴史《れきし》と昔《むかし》の暮《く》らし

昔《むかし》の人《ひと》たちは北極《ほっきょく》でどうやって暮《く》らしていたのかな？　人々《ひとびと》の知恵《ちえ》や生活《せいかつ》ぶりをのぞいてみましょう。

どうして人々《ひとびと》は北極《ほっきょく》に向《む》かったの？

寒《さむ》くても凍《こお》らないクジラの油《あぶら》は貴重《きちょう》だったんだね

1500年《ねん》から1800年代《ねんだい》にかけては大航海時《だいこうかいじ》代《だい》とも呼《よ》ばれ、イギリスやオランダといったヨーロッパの国々《くにぐに》を中心《ちゅうしん》に、海《うみ》を越《こ》えた冒険《ぼうけん》が行《おこな》われていた時代《じだい》でした。

北極《ほっきょく》ももちろん探検《たんけん》の舞台《ぶたい》となりました。

当時《とうじ》の人々《ひとびと》が北極《ほっきょく》へ向《む》かった理由《りゆう》は、大《おお》きく分《わ》けて二《ふた》つ。

ひとつはクジラです。クジラの油《あぶら》は寒《さむ》くても凍《こお》らないため、ランプの燃料油《ねんりょうあぶら》やろうそくやマーガリンの原料《げんりょう》、機械《きかい》の潤滑油《じゅんかつゆ》、皮革用洗剤《ひかくようせんざい》などに利用《りよう》されていました。また、1800年代《ねんだい》にヨーロッパで人気《にんき》だった大《おお》きく膨《ふく》らんだスカートを作《つく》るために、クジラの歯《は》（クジラひげ）が骨組《ほねぐ》みとして必要《ひつよう》とされていました。

【答《こた》え52】

基本的《きほんてき》には4mより小《ちい》さいものをイルカ、大《おお》きいものをクジラと呼《よ》びます。しかし、生物分類上《せいぶつぶんるいじょう》は同《おな》じです。イルカより小《ちい》さなクジラもいます。

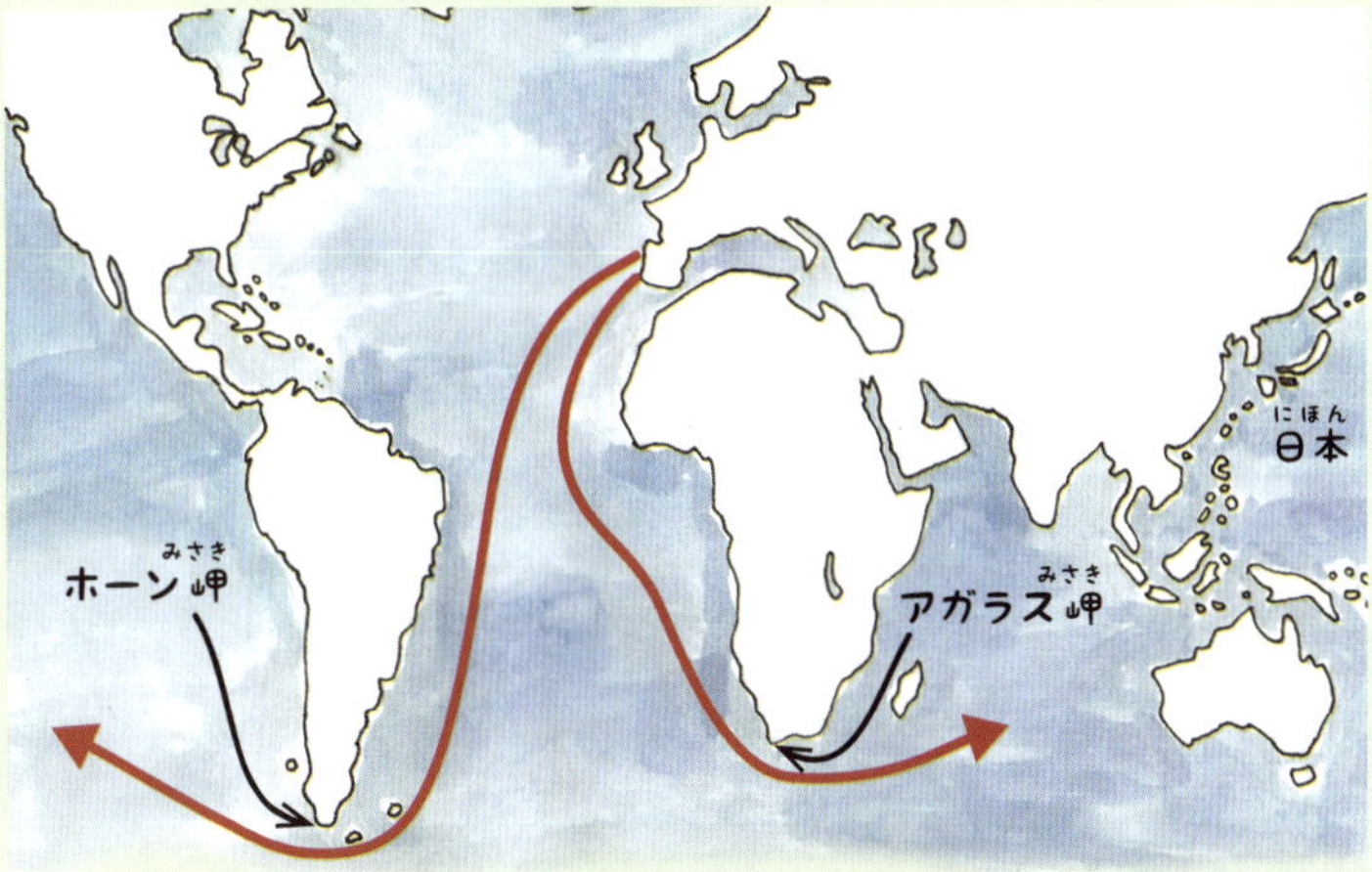

北極海《ほっきょくかい》は氷《こおり》がいっぱいで、船《ふね》では通《とお》れなかったんだ…

そのため、多《おお》くのクジラがすむ北極《ほっきょく》に、クジラを狩《か》るために人々《ひとびと》が向《む》かったのです。

ふたつ目《め》は、航海《こうかい》の通《とお》り道《みち》として開拓《かいたく》したかったからです。当時《とうじ》の人々《ひとびと》はヨーロッパからアジアへ向《む》かうための近道《ちかみち》を探《さが》し求《もと》めていました。

昔《むかし》はアフリカ大陸《たいりく》の最南端《さいなんたん》アガラス岬《みさき》や、南《みなみ》アメリカ大陸《たいりく》の最南端《さいなんたん》ホーン岬《みさき》を通《とお》らずに、船《ふね》でアジアに行《い》くことはできませんでした。これは地図《ちず》を見《み》ても分《わ》かるように、ずいぶんと遠回《とおまわ》りでした。そのため、多《おお》くの国《くに》が近道《ちかみち》を探《さが》すために北極《ほっきょく》に挑《いど》んだのです。

国《くに》の予算《よさん》で大探検《だいたんけん》が出来《でき》る時代《じだい》は、北極《ほっきょく》に行《い》くのにも賞金《しょうきん》がかかっていたといいますから、いま現在《げんざい》、高《たか》い飛行機代《ひこうきだい》を払《はら》って自腹《じばら》で移動《いどう》している僕《ぼく》としてはうらやましい限《かぎ》りです。

【質問《しつもん》53】

北極《ほっきょく》に行《い》ってみたいけれど、何《なに》からはじめたらいいですか？

北極《ほっきょく》への探検《たんけん》は どのようなものだったの？

北極《ほっきょく》への探検《たんけん》には、常《つね》に大《おお》きな危険《きけん》が付《つ》きまといました。当時《とうじ》は今《いま》より地球全体《ちきゅうぜんたい》の気温《きおん》が低《ひく》く、厚《あつ》い海《うみ》の氷《こおり》が北極海《ほっきょくかい》を覆《おお》っていました。おまけに今《いま》のように性能《せいのう》のいい船《ふね》のエンジンもありません。

そのため、分厚《ぶあつ》い氷《こおり》に行《ゆ》く手《て》をはばまれたり、船《ふね》が閉《と》じ込《こ》められたりして、遭難《そうなん》してしまった人《ひと》も多《おお》くいました。

また北極《ほっきょく》では、新鮮《しんせん》な野菜《やさい》や果物《くだもの》が手《て》に入《はい》らなかったため、ビタミンC不足《ぶそく》が原因《げんいん》で発病《はつびょう》してしまう壊血病《かいけつびょう》という病気《びょうき》で死《し》んでしまった船員《せんいん》も多《おお》くいました。壊血病《かいけつびょう》は、体《からだ》のあちこちから血《ち》が出《で》やすくなってしまう恐《おそ》ろしい病気《びょうき》です。

【答《こた》え53】

最初《さいしょ》は夏《なつ》をお勧《すす》めします。そして、交通《こうつう》の便《べん》がいい地域《ちいき》に、実際《じっさい》に行《い》ってみてください。そこからどんどんイメージが膨《ふく》らんでいくと思《おも》います。

当時《とうじ》は病気《びょうき》の原因《げんいん》がわかっていませんでしたから、より恐《おそ》ろしかったと思《おも》います。

北極探検《ほっきょくたんけん》の悲劇《ひげき》として特《とく》に有名《ゆうめい》なのは、１８４５年《ねん》のイギリスのフランクリン隊《たい》による遭難《そうなん》です。ジョン・フランクリン隊長《たいちょう》は、毛皮《けがわ》のブーツを食《た》べて生《い》き延《の》びた経験《けいけん》を持《も》つほどのベテランの探検家《たんけんか》でした。しかしこの北極《ほっきょく》の探検《たんけん》では、１２９人《にん》が遭難《そうなん》し、全員《ぜんいん》亡《な》くなってしまったのです。

このフランクリン隊《たい》を探《さが》すためにあちこちに捜索隊《そうさくたい》が出《で》かけたために、カナダ北極地方《ほっきょくちほう》、北東部地域《ほくとうぶちいき》の詳《くわ》しい地図《ちず》が作《つく》り上《あ》げられるという皮肉《ひにく》な結果《けっか》になりました。

【質問《しつもん》54】……………………………………………………

北極《ほっきょく》は雪《ゆき》や氷《こおり》だらけで、目印《めじるし》がないと思《おも》いますが、道《みち》はわかるのですか？

北極《ほっきょく》にはいつから人《ひと》が住《す》みはじめたの？

昔《むかし》は国境《こっきょう》も犬《いぬ》ぞりで自由《じゆう》に行《い》き来《き》していたイヌイットの人《ひと》たち

ヨーロッパの探検隊《たんけんたい》がやってくる前《まえ》、何千年《なぜんねん》という大昔《おおむかし》から、北極《ほっきょく》には先住民族《せんじゅうみんぞく》の人《ひと》たちが住《す》んでいました。「イヌイット」と呼《よ》ばれるようになった人《ひと》たちです。彼《かれ》らは気候《きこう》や自然環境《しぜんかんきょう》に合《あ》わせて、少数《しょうすう》の家族《かぞく》で住《す》む場所《ばしょ》を変《か》えて暮《く》らしていました。

例《たと》えば、海《うみ》の氷《こおり》が凍《こお》り付《つ》いて、海《うみ》にすむ生《い》き物《もの》（アザラシやセイウチなど）を捕《つか》まえるのが難《むずか》しくなる冬《ふゆ》は、暖《あたた》かな南《みなみ》のほうへ移動《いどう》するのです。

しかし、外国《がいこく》から人《ひと》が訪《おとず》れ交流《こうりゅう》が盛《さか》んになると、現代的《げんだいてき》な町《まち》や村《むら》をつくるようになりました。今《いま》では国境《こっきょう》があり、移動《いどう》にはパスポートが必要《ひつよう》です。

昔《むかし》は、グリーンランド北西部地域《ほくせいぶちいき》とカナダ北極地方《ほっきょくちほう》も犬《いぬ》ぞりで自由《じゆう》に行《い》き来《き》していたため、「カナダに親戚《しんせき》や兄弟《きょうだい》がいる」というグリーンランド人《じん》も大勢《おおぜい》います。

【答《こた》え54】

犬《いぬ》たちが本能的《ほんのうてき》に道《みち》を覚《おぼ》えていてくれますが、霧《きり》や雪《ゆき》がひどいときは迷《まよ》います。僕《ぼく》も真《ま》っ白《しろ》な中《なか》、犬《いぬ》ぞりで同《おな》じところをグルグルと回《まわ》っていたことがありました。

北極《ほっきょく》では何語《なにご》が話《はな》されているの？

北極《ほっきょく》は、いろいろな国《くに》にまたがっているため、デンマーク自治領《じちりょう》のグリーンランドではデンマーク語《ご》、カナダやアメリカのあたりでは英語《えいご》というように、いくつもの言葉《ことば》が使《つか》われています。

それに加《くわ》えて、昔《むかし》から使《つか》われてきた先住民族《せんじゅうみんぞく》の言葉《ことば》があります。日本《にほん》でも青森《あおもり》と大阪《おおさか》ではだいぶ言葉《ことば》が違《ちが》うように、先住民族《せんじゅうみんぞく》の言葉《ことば》にも方言《ほうげん》があるのです。

グリーンランドに住《す》むイヌイットの友人《ゆうじん》に「4000kmも離《はな》れたアラスカ地方《ちほう》の方《かた》と言葉《ことば》は通《つう》じるの？」と尋《たず》ねてみたら、「なんとなく理解《りかい》できる」という答《こた》えが返《かえ》ってきました。僕《ぼく》もグリーンランドのイヌイット語《ご》（グリーンランド語《ご》）を少《すこ》しだけ話《はな》せますが、確《たし》かに、アラスカに行《い》ったときに理解《りかい》できる単語《たんご》も数多《かずおお》くありました。

【質問《しつもん》55】
北極《ほっきょく》で探検《たんけん》していて「もうダメだ」と思《おも》ったことはありますか？

お墓《はか》ってあるの？

北極《ほっきょく》では、死《し》んだ人《ひと》を燃《も》やさずに土《つち》に埋《う》めてお墓《はか》を作《つく》ります。子《こ》どもが死《し》んだときは、子《こ》どものお墓《はか》の前《まえ》で、死出《しで》の旅《たび》の先導《せんどう》になるように、犬《いぬ》の頭《あたま》を焼《や》くという風習《ふうしゅう》もありました。

また人間《にんげん》には魂《たましい》が二《ふた》つあり、死《し》ぬと魂《たましい》の一《ひと》つだけが魂《たましい》の国《くに》へ旅立《たびだ》ち、もう一《ひと》つは地上《ちじょう》に残《のこ》って子《こ》どもの体《からだ》に入《はい》ると信《しん》じられていました。そのため死《し》んだ人《ひと》の名前《なまえ》を、あとから生《う》まれた子《こ》どもに付《つ》けるという習慣《しゅうかん》があります。

一度《いちど》に何人《なんにん》かが死《し》んだときは、産《う》まれた子《こ》どもはすべての人《ひと》の名前《なまえ》を授《さず》かります。「スズキ・タカシ・ヒロシ・ユウキ」みたいな感《かん》じで、４つも５つも名前《なまえ》のある人《ひと》もいます。また年齢《ねんれい》から、その年《とし》に誰《だれ》が亡《な》くなったのかが分《わ》かったりもします。

【答《こた》え55】

危険《きけん》な目《め》に遭《あ》った瞬間《しゅんかん》は「もうダメだ」と考《かんが》える余裕《よゆう》はありません。でも、助《たす》かったあとに恐怖《きょうふ》が沸《わ》いてくるようなことはありました。

どんな神様《かみさま》を信《しん》じていたの？

なんとなく愛《あい》きょうがありますね

トゥピラッ

自然《しぜん》の草《くさ》や土《つち》、石《いし》、動物《どうぶつ》などには精霊《せいれい》が宿《やど》っていて、お祈《いの》りをすることで精霊《せいれい》と会話《かいわ》ができたり、精霊《せいれい》に助《たす》けてもらえると信《しん》じられてきました。

北極《ほっきょく》の生活《せいかつ》は天候《てんこう》などの自然《しぜん》に大《おお》きく左右《さゆう》されるため、悪天候《あくてんこう》で狩《か》りに出《で》られなかったり、獲物《えもの》が獲《と》れなかったり、病人《びょうにん》がでたときにも、自然《しぜん》の精霊《せいれい》にお祈《いの》りをしていました。お祈《いの》りを専門《せんもん》にする祈祷師《きとうし》も、僕《ぼく》が最初《さいしょ》に訪《おとず》れた30年《ねん》ほど前《まえ》にはいました。祈祷師《きとうし》が呪術《じゅじゅつ》をかけるときに使《つか》う道具《どうぐ》に、〝トゥピラッ〟という動物《どうぶつ》の骨《ほね》や角《つの》などを削《けず》って作《つく》る気味《きみ》の悪《わる》い人形《にんぎょう》がありました。「この人形《にんぎょう》を見《み》た人《ひと》が呪《のろ》われて死《し》んでしまう」などの恐《おそ》ろしい〝おまじない〟もあったそうです。

今《いま》は、お土産品《みやげひん》として作《つく》られています。

【質問《しつもん》56】……

北極《ほっきょく》には風邪菌《かぜきん》がいないため風邪《かぜ》をひかないって本当《ほんとう》ですか？

伝統的《でんとうてき》な楽器《がっき》にはどんなものがあるの？

ケィダオッをたたきながら
歌《うた》うイヌイット

イヌイットの人《ひと》たちの伝統的《でんとうてき》な楽器《がっき》は太鼓《たいこ》です。動《どう》物《ぶつ》の骨《ほね》などの枠《わく》に、ホッキョクグマの胃袋《いぶくろ》やアザラシの皮《かわ》などを張《は》ったものです。グリーンランド北西《ほくせい》部地方《ぶちほう》では〝ケィダオッ〟と呼《よ》ばれ、お祈《いの》りをする時《とき》にも使《つか》われていたそうです。

また、伝統的《でんとうてき》な歌《うた》を歌《うた》う時《とき》にも、拍子《ひょうし》をとるのに使《つか》われます。日本《にほん》のでんでん太鼓《だいこ》みたいな低《ひく》い音《おと》がします。北極《ほっきょく》の全地域《ぜんちいき》にケィダオッはありますが、アラスカ地方《ちほう》の太鼓《たいこ》は直径《ちょっけい》が1m近《ちか》くもあるのに対《たい》し、グリーンランド地方《ちほう》の太鼓《たいこ》は50cm以下《いか》と小《ちい》さめです。しかし今《いま》では、新《あたら》しい楽器《がっき》が北極《ほっきょく》にも入《はい》ってきており、ただの民芸品《みんげいひん》となってしまいました。

最近《さいきん》では、バンドを組《く》んでミュージシャンとして活躍《かつやく》している若《わか》い人《ひと》たちもたくさんいます。

【答《こた》え56】

寒《さむ》すぎて風邪菌《かぜきん》がいないのは本当《ほんとう》です。ただ、ときどき外国《がいこく》から菌《きん》が持《も》ち込《こ》まれて風邪《かぜ》がはやることがあります。

ストーブのない頃《ころ》は室内《しつない》をどうやって暖《あたた》めていたの？

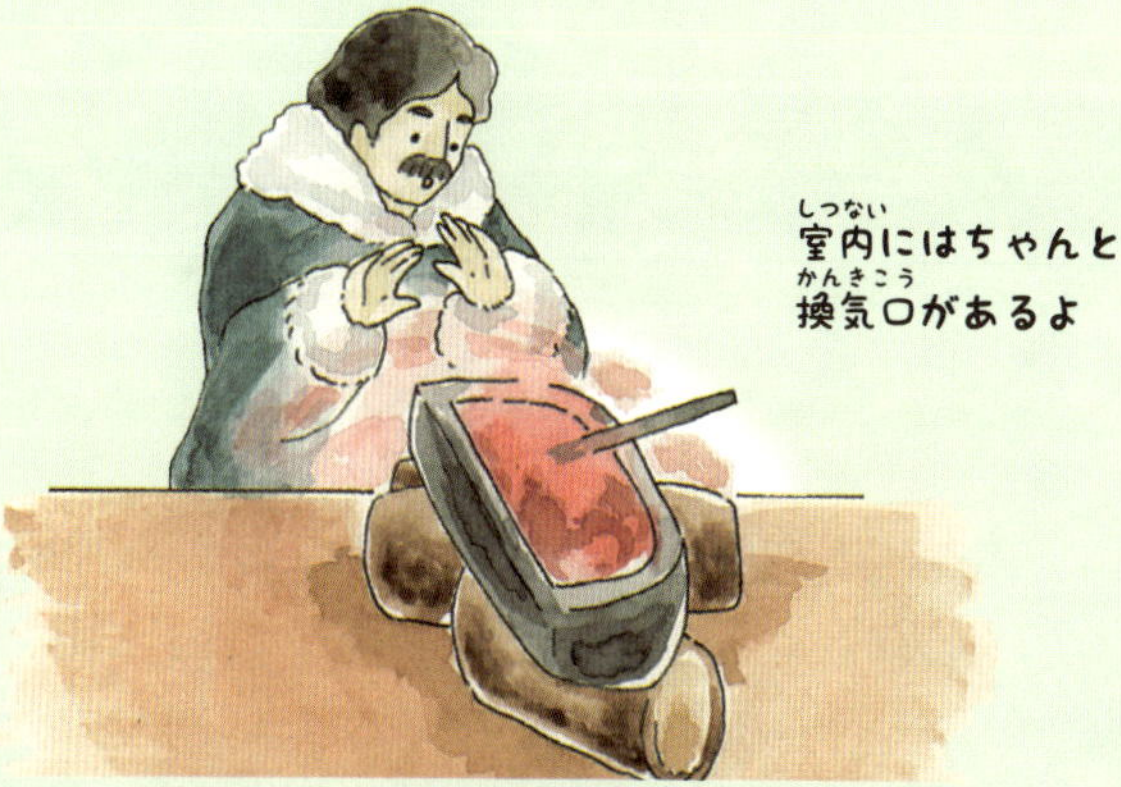

昔《むかし》は、乾燥《かんそう》したウサギのフンや枯《か》れたコケに、アザラシやクジラの脂《あぶら》をひたして燃料《ねんりょう》にし、石《いぬ》をくりぬいたお皿《さら》の上《うえ》で火《ひ》を焚《た》いていました。

小《ちい》さい石皿《いしざら》は、ローソク代《が》わりのランプ用《よう》として利用《りよう》し、幅《はば》が40㎝もあるような大《おお》きな石皿《いしざら》はストーブ用《よう》として使《つか》っていました。

石皿《いしざら》も現代《げんだい》では姿《すがた》を消《け》してしまいましたが、小《ちい》さいランプ石皿《いしざら》を再現《さいげん》してもらい、実際《じっさい》に使《つか》ってみたところ、けっこうな火力《かりょく》がありました。ストーブ用《よう》の大《おお》石皿《いしざら》なら、テントの中《なか》もかなり暖《あたた》まったと思《おも》います。

夏場《なつば》の毛皮《けがわ》のテントの中《なか》で、裸《はだか》で過《す》ごしている歴史《れきし》写真《しゃしん》もよく見《み》かけます。公《おおやけ》にはサウナの発祥《はっしょう》はフィンランドと言《い》われていますが、実《じつ》はイヌイット発祥《はっしょう》ではないか？ という説《せつ》もあるほどです。

【質問《しつもん》57】

イヌイットの顔《かお》は日本人《にほんじん》とよく似《に》ていると思《おも》います。どうしてですか？

どうしてサングラスをかけているの？

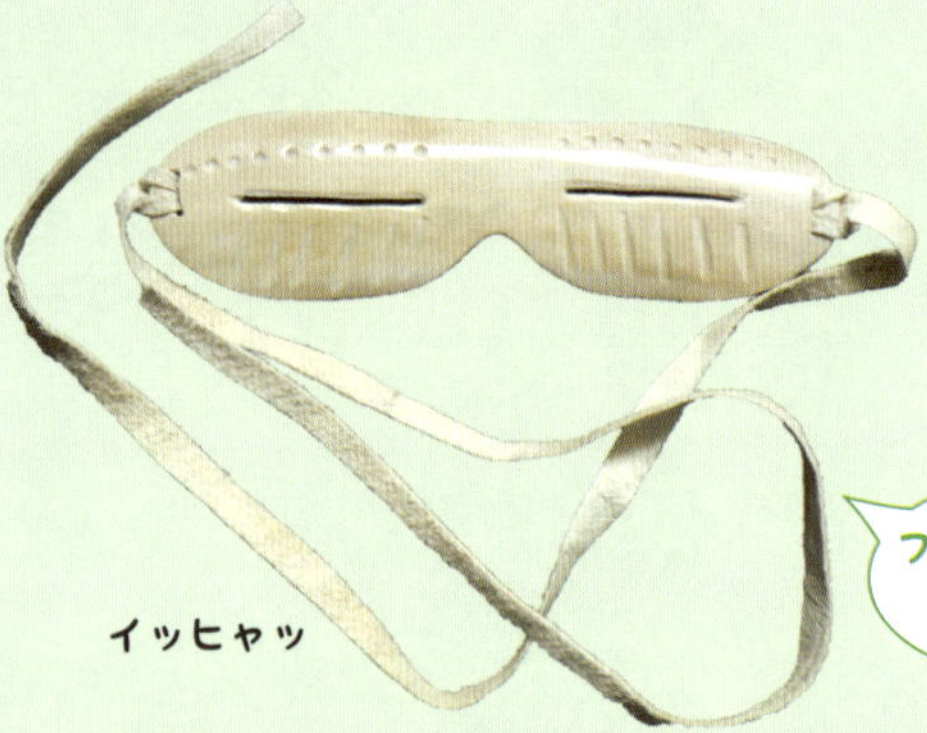

イッヒャッ

4、5月頃《がつごろ》は、白夜《びゃくや》で太陽《たいよう》も高《たか》いため、雪《ゆき》と氷《こおり》からの陽射《ひざ》しの照《て》り返《かえ》しが強烈《きょうれつ》です。そんな中《なか》、サングラスを掛《か》けないまま犬《いぬ》ぞりを走《はし》らせたり、野外《やがい》で活動《かつどう》を続《つづ》けていると、四方《しほう》からの強《つよ》い紫外線《しがいせん》で〝雪目《ゆきめ》〟になってしまうことがあります。

経験《けいけん》したことはありませんが、充血《じゅうけつ》し、目《め》を開《ひら》くことができないほど何日《なんにち》も痛《いた》むそうです。日本《にほん》でも、スキーやスノボー、雪山登山《ゆきやまとざん》をやる人《ひと》が、〝雪目《ゆきめ》〟になってしまうことがあります。

そんな強《つよ》い紫外線《しがいせん》から目《め》を守《まも》るため、イヌイットの人《ひと》たちは、昔《むかし》からサングラスを利用《りよう》してきました。ただし、昔《むかし》は、現代《げんだい》のようなレンズのサングラスがあったわけではありません。動物《どうぶつ》の骨《ほね》や流木《りゅうぼく》などを利用《りよう》した、〝イッヒャッ〟と呼《よ》ばれる眼鏡《めがね》を、サング

【答《こた》え57】

大昔《おおむかし》は、日本人《にほんじん》もイヌイットも東《ひがし》シベリア地方《ちほう》にいた民族《みんぞく》で、そこから分《わ》かれたために今《いま》も似《に》ているといわれています。

ジーッ
こんなに細《ほそ》い切《き》り込《こ》みでも
しっかりと見《み》えてるよ

ラスとして使用《しよう》していたのです。

イッヒャッは、普段《ふだん》私《わたし》たちが使《つか》っている眼鏡《めがね》から耳《みみ》掛《か》けを取《と》り外《はず》したような形状《けいじょう》で、骨《ほね》や材木《ざいもく》から出来《でき》ています。レンズではなく、両目《りょうめ》の部分《ぶぶん》に幅《はば》1㎜ほどの切《き》り込《こ》みが横方向《よこほうこう》にあり、頭《あたま》にはひもで固定《こてい》します。なんとレンズがなくても細《ほそ》い切《き》り込《こ》みからのぞくと、見事《みごと》に陽射《ひざ》しから目《め》を保護《ほご》してくれるのです。すごいアイデア商品《しょうひん》ですよね！

歴史《れきし》の教科書《きょうかしょ》に必《かなら》ず載《の》っている遮光器土偶《しゃこうきどぐう》の「遮光《しゃこう》器《き》」つまりサングラスは、このイヌイットの眼鏡《めがね》に似《に》ているという理由《りゆう》でこの名前《なまえ》がつけられました。さすがに今日《こんにち》では普通《ふつう》のサングラスが手《て》に入《はい》るようになり、イッヒャッを使《つか》うことはほとんどありませんが、民芸品《みんげいひん》としていまだに残《のこ》っています。

【質問《しつもん》58】……………………………………………………

どうしてイグルーは雪《ゆき》なのに崩《くず》れないのですか？

昔《むかし》の北極《ほっきょく》の人《ひと》たちは一年中《いちねんじゅう》かまくらに住《す》んでいたの？

頑丈《がんじょう》なイグルー

北極《ほっきょく》や南極《なんきょく》のイラストで、雪《ゆき》でできたドーム状《じょう》の建《たて》物《もの》を見《み》たことのある人《ひと》が多《おお》いと思《おも》いますが、これはかまくらではなく、〝イグルー〟といいます。

イグルーは、家《いえ》として家族《かぞく》が住《す》むためのものではなく、犬《いぬ》ぞりで狩猟《しゅりょう》に出《で》かけた時《とき》などに、テント代《が》わりとして利用《りよう》したものです。部屋《へや》の中《なか》は人《ひと》が横《よこ》になって寝《ね》られるくらいの広《ひろ》さしかありません。

硬《かた》く固《かた》まった雪《ゆき》をきれいにブロック状《じょう》に切《き》り出《だ》し、ドーム型《がた》に積《つ》み上《あ》げて作《つく》るのですが、慣《な》れているイヌイット猟師《りょうし》なら、1時間《じかん》もかからずに完成《かんせい》させてしまいます。イグルーはとても頑丈《がんじょう》で屋根《やね》に人《ひと》が乗《の》っても、潰《つぶ》れたりすることはありません。

さすがに現在《げんざい》はイグルーを利用《りよう》することはなくなり、観光客用《かんこうきゃくよう》に作《つく》られる程度《ていど》です。

【答《こた》え58】

雪《ゆき》のブロックを積《つ》み上《あ》げた後《あと》に、少《すこ》しだけ中《なか》から温《あたた》めて雪《ゆき》を溶《と》かしているからです。溶《と》けた雪《ゆき》が自然《しぜん》に冷《ひ》えて凍《こお》ることで、イグルーは丈夫《じょうぶ》になるのです。

竪穴式住居《たてあなしきじゅうきょ》を使《つか》っていたって本当《ほんとう》？

竪穴式住居跡《たてあなしきじゅうきょあと》

本当《ほんとう》です。日本《にほん》でいう竪穴式住居《たてあなしきじゅうきょ》がつい50年《ねん》ほど前《まえ》まで普通《ふつう》に使《つか》われていました。

いまでも海《うみ》のそばのあちらこちらで、竪穴式住居跡《たてあなしきじゅうきょあと》を見《み》つけることができます。竪穴式住居《たてあなしきじゅうきょ》は、円形《えんけい》の一部屋構造《ひとへやこうぞう》で、直径《ちょっけい》2～3mのものが多《おお》く、室内《しつない》は釜戸《かまど》や暖炉《だんろ》を中心《ちゅうしん》に、壁際《かべぎわ》が睡眠《すいみん》のスペースになっていたようです。

円《えん》を描《えが》くように石《いし》を積《つ》み上《あ》げて部屋《へや》を作《つく》るのですが、石《いし》と石《いし》の間《あいだ》は、土《つち》やコケで隙間《すきま》を埋《う》めることで密閉《みっぺい》し、保温性《ほおんせい》を高《たか》めます。外《そと》から部屋《へや》に入《はい》るための通路《つうろ》は数《すう》mあり、立《た》ったまま歩《ある》いて入《はい》るのではなく、一人《ひとり》しか通《とお》れないような細《ほそ》い通路《つうろ》を這《は》って入《はい》ります。これは部屋《へや》の中《なか》の暖《あたた》かさを寒《さむ》い外気《がいき》から守《まも》るための構造《こうぞう》だったと思《おも》います。

【質問《しつもん》59】

毛皮《けがわ》の着心地《こここち》はどんな感《かん》じですか？

昔《むかし》はどんな格好《かっこう》をしていたの？

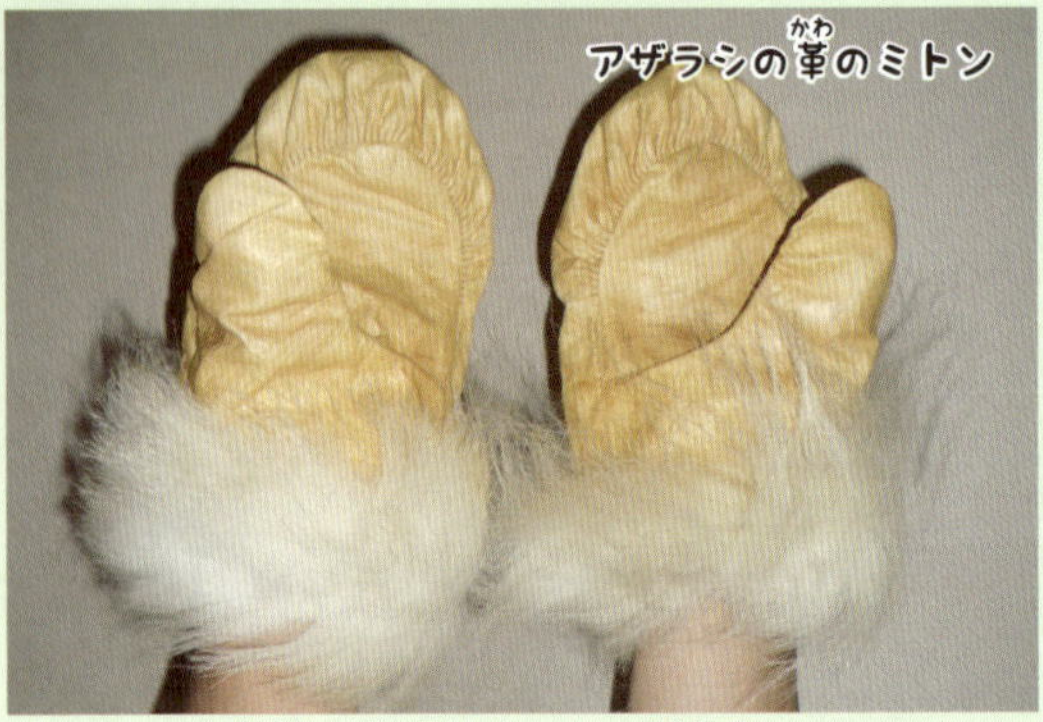

指《ゆび》が直接《ちょくせつ》触《ふ》れ合《あ》うから暖《あたた》かい

寒《さむ》い北極《ほっきょく》での必需品《ひつじゅひん》のひとつに、毛皮《けがわ》の防寒具《ぼうかんぐ》があります。ホッキョクグマ（シロクマ）、トナカイ（カリブー）、ジャコウウシ、オオカミ、ウサギ、キツネ、アザラシなどの動物《どうぶつ》の毛皮《けがわ》を利用《りよう》して、防寒着用《ぼうかんぎよう》のパーカー、ズボン、手袋《てぶくろ》、靴《くつ》などを作《つく》ります。

僕《ぼく》の経験《けいけん》では、極寒冷下《ごっかんれいか》においては、合成繊維《ごうせいせんい》より毛皮《けがわ》のほうが暖《あたた》かくて、断然《だんぜん》すぐれています。

北極《ほっきょく》の寒《さむ》さの中《なか》でも、体《からだ》を動《うご》かして力仕事《ちからしごと》をすると汗《あせ》をかきます。現代《げんだい》には、かいた汗《あせ》をウエアの外《そと》に放出《ほうしゅつ》してくれる最先端《さいせんたん》の生地素材《きじそざい》もありますが、極《ごっ》寒冷下《かんれいか》では汗《あせ》が外側《そとがわ》に放出《ほうしゅつ》される前《まえ》に、内側《うちがわ》で霜《しも》となりカチカチに凍《こお》り付《つ》いてしまいます。ところが毛《け》皮《がわ》は、寒冷下《かんれいか》でも上手《うま》く外側《そとがわ》へと汗《あせ》が放出《ほうしゅつ》され、凍《こお》り付《つ》くことなく暖《あたた》かさを保《たも》ってくれるのです。

【答《こた》え59】

とても暖《あたた》かくて毛布《もうふ》を着《き》ているようです。毛皮《けがわ》の防寒服《ぼうかんふく》の下《した》に下着《したぎ》も着《き》るので、肌《はだ》がチクチクするということもありません。

アザラシの毛皮《けがわ》
トナカイの毛皮《けがわ》
アザラシの革《かわ》
シロクマの毛皮《けがわ》
ヒゲアザラシの革《かわ》

特《とく》に欠《か》かせないのが手袋《てぶくろ》です。素手《すで》で作業《さぎょう》をすると寒《さむ》くて危険《きけん》なため、毛皮《けがわ》のミトン手袋《てぶくろ》をして作業《さぎょう》をします。ミトン手袋《てぶくろ》は、日本《にほん》では小《ちい》さな子供用《こどもよう》が多《おお》いですが、北極《ほっきょく》では大人《おとな》もミトン手袋《てぶくろ》をします。５本指《ほんゆび》の手袋《てぶくろ》に比《くら》べて、４本《ほん》の指同士《ゆびどうし》が直接触《ちょくせつふ》れ合《あ》っているため暖《あたた》かいのです。細《ほそ》いひももミトン手袋《てぶくろ》をしたまま器用《きよう》に結《むす》びます。

現在《げんざい》でも専業猟師《せんぎょうりょうし》の人《ひと》たちは野外《やがい》で過《す》ごすため、毛《け》皮《がわ》の防寒服《ぼうかんふく》は必需品《ひつじゅひん》です。また北極地方《ほっきょくちほう》では毛皮《けがわ》が民族衣装《みんぞくいしょう》のため、お祭《まつ》りや結婚式《けっこんしき》、お葬式《そうしき》でも正装《せいそう》として用《もち》いられています。しかし動物保護《どうぶつほご》という観点《かんてん》から、毛皮《けがわ》が防寒着《ぼうかんぎ》として使《つか》いにくい時代《じだい》になってきました。近《ちか》い将来《しょうらい》、彼《かれ》らも毛皮《けがわ》が利用出来《りようでき》なくなる時代《じだい》がくるかもしれません。

【質問《しつもん》60】……………………………………………………

イヌイット語《ご》の「イヌイット　アッチ」は、どういう意味《いみ》ですか？

昔《むかし》の子《こ》どもたちは どんな遊《あそ》びをしていたの？

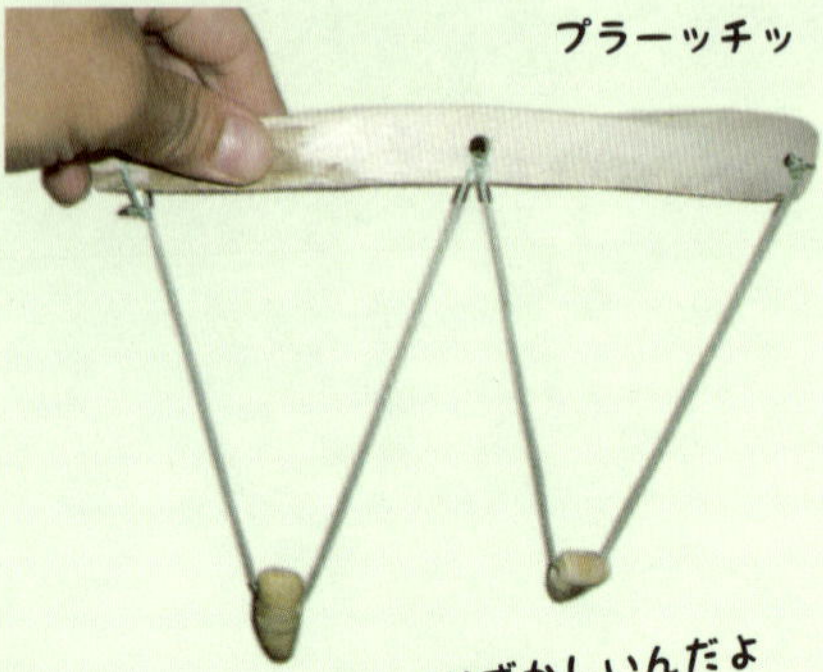

プラーッチッ

むずかしいんだよ

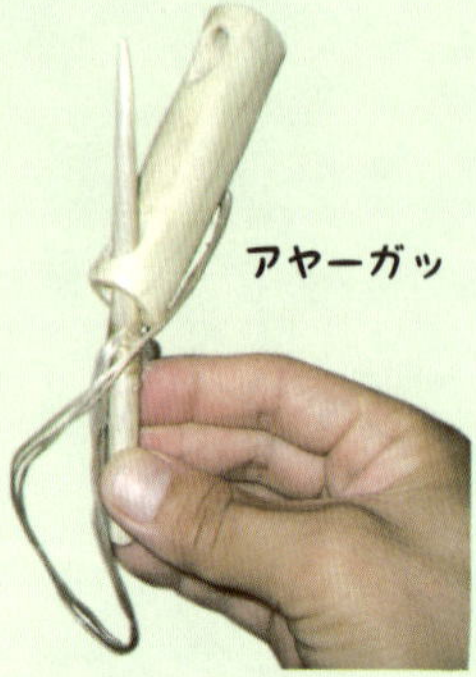

アヤーガッ

昔《むかし》の子《こ》どもたちの代表的《だいひょうてき》なおもちゃに、〝アヤーガッ〟と〝プラーッチッ〟があります。

〝アヤーガッ〟は日本《にほん》のけん玉遊《だまあそ》びによく似《に》ています。

先端《せんたん》を尖《とが》らせた長《なが》さ10～15㎝、太《ふと》さ0・5～1・0㎝の動物《どうぶつ》の骨《ほね》や牙《きば》の棒《ぼう》と、両端《りょうたん》に大《おお》きな穴《あな》を空《あ》けた長《なが》さ10㎝、太《ふと》さ2・5㎝ほどの動物《どうぶつ》の骨《ほね》や牙《きば》の棒《ぼう》を、長《なが》さ15～20㎝の細《ほそ》ひもでつなぎます。

そして、先《さき》の尖《とが》ったほうの棒《ぼう》を持《も》ち、ひもでつながっているもう片方《かたほう》の骨《ほね》の穴《あな》に入《い》れて遊《あそ》びます。

〝プラーッチッ〟は、動物《どうぶつ》の骨《ほね》や角《つの》、牙《きば》などを削《けず》って作《つく》る知恵《ちえ》の輪遊《わあそ》びのようなおもちゃです。

さすがに今《いま》では遊《あそ》ぶ子《こ》どもも少《すく》なくなり、日本《にほん》の竹《たけ》トンボやコマなどと同《おな》じ懐《なつ》かしの玩具《がんぐ》で、観光客《かんこうきゃく》がお土産《みやげ》に買《か》って帰《かえ》る民芸品《みんげいひん》になっています。

【答《こた》え60】

「人間《にんげん》らしく生《い》きてね。元気《げんき》でね。（さよなら）」という意味《いみ》になります。ただし、年下《としした》から年上《としうえ》にいうと失礼《しつれい》になるので注意《ちゅうい》が必要《ひつよう》です。

昔《むかし》の人《ひと》たちも テントを使《つか》っていたの？

クジラの骨《ほね》で作《つく》ったテントの骨組《ほねぐ》み

イヌイットの人《ひと》たちもテントを利用《りよう》していました。

ただ、私《わたし》たちが普段《ふだん》キャンプで使《つか》うような立派《りっぱ》なテントではなく、クジラなどの動物《どうぶつ》の骨《ほね》や流木《りゅうぼく》で骨組《ほねぐ》みを作《つく》り、アザラシやトナカイなどの動物《どうぶつ》の毛皮《けがわ》で隙間《すきま》なく何枚《なんまい》も覆《おお》って作《つく》った原始的《げんしてき》なものです。

少人数《しょうにんずう》で移動生活《いどうせいかつ》をしていた民族《みんぞく》ですから、短時間《たんじかん》で簡単《かんたん》に組《く》み立《た》てられるテントは便利《べんり》だったと思《おも》いますが、風《かぜ》の強《つよ》い日《ひ》はテントは寒《さむ》く、主《おも》に夏《なつ》の仮《かり》の住居《じゅうきょ》（サマーキャンプなど）に利用《りよう》されることが多《おお》かったようです。

僕《ぼく》が北極《ほっきょく》を訪《おとず》れた最初《さいしょ》の頃《ころ》でも、すでに毛皮《けがわ》のテントは姿《すがた》を消《け》しており、丈夫《じょうぶ》なキャンパス生地《きじ》を利用《りよう》したテントを自作《じさく》していました。今《いま》では輸入《ゆにゅう》されたキャンプ用《よう》のテントを利用《りよう》する人《ひと》も多数《たすう》います。

【質問《しつもん》61】

イヌイット語《ご》の「フンニッ」は、どういう意味《いみ》ですか？

人々《ひとびと》はどんな風《ふう》に交流《こうりゅう》していたの？

“プラット”という、家々《いえいえ》を訪問《ほうもん》しあう風習《ふうしゅう》があります。小《ちい》さな集落《しゅうらく》の中《なか》で、言葉通《ことばどお》りに「プラッと」遠慮《えんりょ》なしに家《いえ》のドアを開《あ》けて、家々《いえいえ》を遊《あそ》びに訪《おとず》れます。田舎《いなか》では、ちょっとした近場《ちかば》の外出《がいしゅつ》では鍵《かぎ》をかけません。最近《さいきん》はノックをする人《ひと》が多《おお》くなりましたが、昔《むかし》はいきなりドアが開《ひら》いて「こんにちは」です。

プラットでは、お茶《ちゃ》やコーヒーを飲《の》んでお菓子《かし》をつまみながら、おしゃべりをするだけですが、狩猟生《しゅりょうせい》活《かつ》が中心《ちゅうしん》だった昔《むかし》は情報交換《じょうほうこうかん》の場《ば》でもありました。今《いま》でこそ携帯電話《けいたいでんわ》で、別《べつ》の町《まち》などとの連絡《れんらく》も簡単《かんたん》に出来《でき》るようになりましたが、昔《むかし》は犬《いぬ》ぞりなどで移動《いどう》する猟師《りょうし》から、色《いろ》んな情報《じょうほう》や噂《うわさ》がもたらされたようです。そういった意味合《いみあ》いでもプラットは大切《たいせつ》な習慣《しゅうかん》でした。

【答《こた》え61】

「まあ、いいさ。何《なん》とかなるさ」という意味《いみ》で、アクシデントなどあった時《とき》に、イヌイットの人《ひと》たちがよく使《つか》います。僕《ぼく》も大好《だいす》きな言葉《ことば》です。

そり作《づく》りの様子《ようす》

最近《さいきん》では日本《にほん》と同《おな》じように、会社《かいしゃ》や学校《がっこう》があるため時間《じかん》を考《かんが》えるようになりましたが、狩猟生活《しゅりょうせいかつ》が中心《ちゅうしん》だった時代《じだい》は、早朝《そうちょう》や夜遅《よるおそ》くなど関係《かんけい》なしに、僕《ぼく》のところにも人々《ひとびと》が訪《たず》ねてきた思《おも》い出《で》があります。

きっと僕《ぼく》のような外国人《がいこくじん》は、何《なに》をしているのか、どんな物《もの》を持《も》っているのか、何《なに》を食《た》べているのかなど興味津々《きょうみしんしん》で、探《さぐ》りにやってきたのだと思《おも》います。

あるとき、そりを作《つく》りながら、何人《なんにん》僕《ぼく》のところにプラットしに来《く》るかを数《かぞ》えてみたら、お昼《ひる》から夕方《ゆうがた》までで9人《にん》、子《こ》どもを合《あ》わせると13人《にん》がやってきました。その度《たび》に僕《ぼく》は作業《さぎょう》を止《と》めてお茶《ちゃ》を飲《の》んだわけです。休憩《きゅうけい》だらけですよね。

このようにプラットの習慣《しゅうかん》は、今《いま》でも根強《ねづよ》く残《のこ》っています。

北極《ほっきょく》に行《い》くまでは何《なに》をしていたの？

高校生《こうこうせい》のときに植村直己《うえむらなおみ》という冒険家《ぼうけんか》の本《ほん》を読《よ》んで感動《かんどう》し、「自分《じぶん》もこんな冒険《ぼうけん》をやってみたい！」と、トレーニングを開始《かいし》しました。

18歳《さい》のとき、東京《とうきょう》から京都《きょうと》まで７５０㎞を14日間《かかん》かけて歩《ある》きました。19歳《さい》のときには、アマゾン川《がわ》で５０００㎞のイカダくだりに挑戦《ちょうせん》しました。しかしイカダが急流《きゅうりゅう》に巻《ま》き込《こ》まれてひっくり返《かえ》り、見事《みごと》に失敗《しっぱい》。それでも20歳《さい》のときにリベンジし、44日間《にちかん》かけて成功《せいこう》しました。

そして21歳《さい》のときに念願《ねんがん》の北極《ほっきょく》に行《い》きました。氷《こおり》に覆《おお》われたグリーンランドを縦断《じゅうだん》する予定《よてい》が、予想《よそう》を超《こ》える厳《きび》しい寒《さむ》さに手《て》も足《あし》も出《で》ず失敗《しっぱい》。そこで、北極《ほっきょく》を知《し》るためにイヌイットに弟子《でし》入《い》りし、30歳《さい》のときに犬《いぬ》ぞりをはじめました。

犬《いぬ》ぞりでお金《かね》は稼《かせ》げるの？

正直《しょうじき》、「仕事《しごと》はあるけど、お金《かね》にはならない」です。北極《ほっきょく》には、研究者《けんきゅうしゃ》を始《はじ》め、観光客《かんこうきゃく》、テレビなどの取材《しゅざい》、冒険家《ぼうけんか》など、いろいろな人《ひと》たちが訪《おとず》れます。その人《ひと》たちを犬《いぬ》ぞりで案内《あんない》したり、サポートを依頼《いらい》されたりするので、ある程度《ていど》の仕事《しごと》はあります。マイナス30℃《ど》、40℃《ど》の極寒冷下《ごっかんれいか》の冬期《とうき》には、それなりの経験者《けいけんしゃ》を雇《やと》う必要《ひつよう》があるのです。

「お金《かね》にならない」というのは、僕《ぼく》が北極《ほっきょく》で暮《く》らしている借家《しゃくや》の家賃《やちん》や電気代《でんきだい》などの生活費《せいかつひ》や犬《いぬ》たちの飼育費《しいくひ》など、活動資金《かつどうしきん》が必要《ひつよう》だからです。

これらはすべて自費《じひ》でまかなっており、お金儲《かねもう》けというよりは、日本《にほん》から来《く》る研究者《けんきゅうしゃ》の皆《みな》さんのサポートをしたい、犬《いぬ》ぞりをはじめとする先住民族《せんじゅうみんぞく》の伝統《でんとう》文化《ぶんか》を守《まも》りたいという気持《きも》ちだけで続《つづ》けています。

家族《かぞく》はどうしているの？

「結婚《けっこん》していますか？」「１年《ねん》の半分《はんぶん》を北極《ほっきょく》で過《す》ごしていて、家族《かぞく》は大丈夫《だいじょうぶ》ですか？」という質問《しつもん》をよく受《う》けます。毎年《まいとし》、一年《いちねん》の半分《はんぶん》を北極《ほっきょく》で過《す》ごし、日本《にほん》にいる時《とき》も家《いえ》を留守《るす》にすることが多《おお》いような生活《せいかつ》では、結婚《けっこん》は難《むずか》しいですよね。

しかしこんな僕《ぼく》ですが、実《じつ》は２児《じ》の父親《ちちおや》で、家《いえ》には妻《つま》と６歳《さい》の長男《ちょうなん》と３歳《さい》の長女《ちょうじょ》（２０１８年《ねん》9月現在《がつげんざい》）がいます。僕《ぼく》の妻《つま》は元南極地域観測隊《もとなんきょくちいきかんそくたい》の隊員《たいいん》で、二人《ふたり》は南極《なんきょく》で出会《であ》いました。日本《にほん》の南極観測隊《なんきょくかんそくたい》は、60人《にん》ほどのメンバーが昭和基地《しょうわきち》と呼《よ》ばれる場所《ばしょ》を拠点《きょてん》に活動《かつどう》しています。また越冬隊《えっとうたい》は、約《やく》1年《ねん》3か月《げつ》を南極《なんきょく》で過《す》ごしたら、次《つぎ》の1年《ねん》3か月《げつ》は別《べつ》の隊《たい》が南極《なんきょく》で過《す》ごすということを繰《く》り返《かえ》しています。そしてこの２つの隊《たい》は、引継《ひきつ》ぎのために入《い》れ替《か》え作業《さぎょう》（越冬交代《えっとうこうたい》）として何《なん》か月《げつ》かを一緒《いっしょ》に過《す》ごします。僕《ぼく》と妻《つま》はそこで知《し》り合《あ》いました。僕《ぼく》が参加《さんか》したのが46次隊《じたい》で、妻《つま》は僕《ぼく》よりも前《まえ》の45次隊《じたい》メンバーだったのです。

入《い》れ替《か》え作業《さぎょう》が終《お》わり、45次隊《じたい》を乗《の》せた〝しらせ〟という観測船《かんそくせん》が日本《にほん》に帰国《きこく》する直前《ちょくぜん》、僕《ぼく》は、妻《つま》からこんなことを言《い》われました。

「１年後《ねんご》にあなたが帰国《きこく》したら、お嫁《よめ》さんにして欲《ほ》しい」

なんとプロポーズされたのです。


もちろん？　「わかった」と返事《へんじ》はしたものの、その言葉《ことば》をあまり信用《しんよう》していませんでしたが、観測船《かんそくせん》しらせが昭和基地《しょうわきち》を離《はな》れた翌日《よくじつ》から、毎日《まいにち》メールが届《とど》くようになりました。

そして半年《はんとし》ほど経《た》ったある日《ひ》、日本《にほん》から昭和基地《しょうわきち》にこんな内容《ないよう》のメールが届《とど》きました。

「今日《きょう》はお互《たが》いの両親《りょうしん》の顔合《かおあ》わせをしました」

僕《ぼく》は驚《おどろ》きました。それでもまだその時《とき》は、
本当《ほんとう》の事《こと》だと信《しん》じきれていませんでした。

それからさらに半年《はんとし》が過《す》ぎ、南極《なんきょく》での任務《にんむ》を終《お》え、
僕《ぼく》の帰国《きこく》が近《ちか》づいたある日《ひ》、彼女《かのじょ》からメールが届《とど》きました。

「今日《きょう》は結婚式場《けっこんしきじょう》を決《き》めてきたよ」

このとき僕《ぼく》は覚悟《かくご》を決《き》め、帰国後《きこくご》に妻《つま》と結婚《けっこん》したのですが、入籍《にゅうせき》した４か月後《げつご》には、一人《ひとり》で北極《ほっきょく》に出《で》かけていました。


妻《つま》は、僕《ぼく》の北極《ほっきょく》での活動《かつどう》にも理解《りかい》を示《しめ》して、応援《おうえん》もしてくれています。妻《つま》の両親《りょうしん》も僕《ぼく》の北極《ほっきょく》での活動《かつどう》を見守《みまも》ってくれています。本当《ほんとう》に恵《めぐ》まれています。

ただ最近《さいきん》は妻《つま》は子《こ》どものほうがかわいいらしく、いつ愛想《あいそ》をつかされるか、毎日《まいにち》ビクビクしながら過《す》ごしています。

あとがき

北極《ほっきょく》に関《かん》する冒険《ぼうけん》・探検《たんけん》や紀行《きこう》を紹介《しょうかい》した本《ほん》はたくさんありますが、子《こ》どもたちが楽《たの》しんで読《よ》める本《ほん》は意外《いがい》に少《すく》ないと思《おも》います。

小学生《しょうがくせい》の子《こ》どもたちでも楽《たの》しめる北極《ほっきょく》の本《ほん》を書《か》いてみたいと常々《つねづね》思《おも》っていたところ願《ねが》ってもない出版《しゅっぱん》のお話《はなし》をリピックブック様《さま》よりいただきました。

イラストや写真《しゃしん》をふんだんに盛《も》り込《こ》むことで、とても豪華《ごうか》な構成《こうせい》になりました。ページをめくるだけで、北極《ほっきょく》の雰囲気《ふんいき》が伝《つた》わるものと思《おも》います。

北極《ほっきょく》には何千年《なんぜんねん》という大昔《おおむかし》から、過酷《かこく》な自然《しぜん》の中《なか》を先住民《せんじゅうみん》の人々《ひとびと》が生《い》き抜《ぬ》いてきたという歴史《れきし》があります。本書《ほんしょ》では彼《かれ》らが繰《く》り広《ひろ》げる生活《せいかつ》のエピソードも盛《も》り込《こ》み、より魅力的《みりょくてき》な本《ほん》に仕上《しあ》がったと思《おも》っています。

北極《ほっきょく》で活動《かつどう》を始《はじ》めて30年《ねん》が過《す》ぎました。50歳《さい》という節目《ふしめ》において、とてもいい形《かたち》を残《のこ》すことが出来《でき》ました。これもリピックブックの皆様《みなさま》のおかげです。

自然現象《しぜんげんしょう》や植物《しょくぶつ》の名称《めいしょう》に関《かん》しては、北極《ほっきょく》の観測調査《かんそくちょうさ》でもご一緒《いっしょ》させていただく研究者《けんきゅうしゃ》であり友人《ゆうじん》の的場澄人《まとばすみと》先生《せんせい》、竹内望《たけうちのぞむ》先生《せんせい》、庭野匡史《にわのまさし》先生《せんせい》、星野保《ほしのたもつ》先生《せんせい》からアドバイスを受《う》けました。本当《ほんとう》にありがとうございました。

また、僕《ぼく》の北極《ほっきょく》での活動《かつどう》を応援《おうえん》・支援《しえん》して下《くだ》さっている皆様《みなさま》、北極《ほっきょく》の師匠《ししょう》（イヌイット）の皆様《みなさま》、この本《ほん》を手《て》に取《と》って下《くだ》さった皆様《みなさま》、そして最後《さいご》に、この歳《とし》になっても北極《ほっきょく》で夢《ゆめ》を追《お》い続《つづ》ける僕《ぼく》を支《ささ》えてくれている家族《かぞく》にお礼《れい》を伝《つた》えたいと思《おも》います。

こんな僕《ぼく》には、二《ふた》つの大《おお》きな夢《ゆめ》が残《のこ》っています。一《ひと》つはグリーンランド北西《ほくせい》部地域《ぶちいき》と日本《にほん》の地域《ちいき》とを姉妹都市《しまいとし》で結《むす》び、交流《こうりゅう》を続《つづ》けていくこと。

もう一《ひと》つは北極《ほっきょく》の高緯度地方《こういどちほう》に日本《にほん》の観測施設《かんそくしせつ》を設置《せっち》することです。

日本《にほん》と北極《ほっきょく》の関係《かんけい》を次《つぎ》の世代《せだい》に繋《つな》げたい。まだまだ僕《ぼく》の北極《ほっきょく》の活動《かつどう》は、犬《いぬ》ぞりの現役《げんえき》と共《とも》に続《つづ》いていきます。今後《こんご》とも、どうぞ宜《よろ》しくお願《ねが》い致《いた》します。

山崎《やまさき》　哲秀《てつひで》

犬ぞり探検家が見た！

ふしぎな北極のせかい

2018年10月12日　第1刷発行
2022年10月10日　第3刷発行

著者　山崎 哲秀

編集人　諏訪部 伸一、江川 淳子、野呂 志帆
発行人　諏訪部 貴伸
発行所　repicbook（リピックブック）株式会社
〒353-0004　埼玉県志木市本町5-11-8
TEL　048-476-1877
FAX　048-483-4227
https://repicbook.com
印刷・製本　株式会社シナノパブリッシングプレス

　ISBN978-4-908154-16-4